KB088194

대통령
노무현
명연설

대통령
노무현
명연설

노무현 대통령 **육성** 명연설문

편집부 엮음

더휴먼

독도는 우리 땅입니다

한일 관계에 대한 특별 담화문(2006년 4월 25일)

존경하는 국민 여러분,

독도는 우리 땅입니다. 그냥 우리 땅이 아니라 40년 통한의 역사가 뚜렷하게 새겨져 있는 역사의 땅입니다. 독도는 일본의 한반도 침탈 과정에서 가장 먼저 병탄되었던 우리 땅입니다. 일본이 러일전쟁 중에 전쟁수행을 목적으로 편입하고 점령했던 땅입니다.

러일전쟁은 제국주의 일본이 한국에 대한 지배권을 확보하기 위해 일으킨 한반도 침략전쟁입니다. 일본은 러일전쟁을 빌미로 우리 땅에 군대를 상륙시켜 한반도를 점령했습니다. 군대를 동원하여 왕궁을 포위하고 황실과 정부를 협박하여 한일의정서를 강제로 체결하고, 토지와 한국민을 마음대로 징발하고 군사시설을 마음대로 설치했습니다. 우리 국토 일부에서 일방적으로 군정을 실시하고, 나중에는 재정권과 외교권마저 박탈하여 우리의 주권을 유린했습니다.

일본은 이런 와중에 독도를 자국 영토로 편입하고, 망루와 전선을 가설하여 전쟁에 이용했던 것입니다. 그리고 한반도에 대한 군사적 점령상태를 계속하면서 국권을 박탈하고 식민지 지배권을 확보하였습니다.

지금 일본이 독도에 대한 권리를 주장하는 것은 제국주의 침략전쟁에 의한 점령지의 권리, 나아가서는 과거 식민지 영토권을 주장하는 것입니다. 이것은 한국의 완전한 해방과 독립을 부정하는 행위입니다. 또한 과거 일본이 저지른 침략전쟁과 학살, 40년 간에 걸친 수탈과 고문·투옥, 강제징용, 심지어 위안부까지 동원했던 그 범죄의 역사에 대한 정당성을 주장하는 행위입니다. 우리는 결코 이것을 용납할 수가 없습니다.

우리 국민에게 독도는 완전한 주권회복의 상징입니다. 야스쿠니신사 참배, 역사교과서 문제와 더불어 과거 역사에 대한 일본의 인식, 그리고 미래의 한·일 관계와 동아시아의 평화에 대한 일본의 의지를 가늠하는 시금석입니다.

일본이 잘못된 역사를 미화하고 그에 근거한 권리를 주장하는 한, 한·일 간의 우호관계는 결코 바로 설 수가 없습니다. 일본이 이들 문제에 집착하는 한, 우리는 한·일 간의 미래와 동아시아의 평화에 대한 일본의 어떤 수사도 믿을 수가 없을 것입니다. 어떤 경제적인 이해관계도, 그리고 문화적인 교류도

이 벽을 녹이지는 못할 것입니다.

한·일 간에는 아직 배타적 경제수역의 경계가 획정되지 못하고 있습니다. 이는 일본이 독도를 자기 영토라고 주장하고, 그 위에서 독도기점까지 고집하고 있기 때문입니다.

동해 해저 지명 문제는 배타적 경제수역 문제와 연관되어 있습니다. 배타적 수역의 경계가 합의되지 않고 있는 가운데, 일본이 우리 해역의 해저 지명을 부당하게 선점하고 있으니 이를 바로잡으려고 하는 것은 우리의 당연한 권리입니다.

따라서 일본이 동해 해저 지명 문제에 대한 부당한 주장을 포기하지 않는 한 그리고 배타적 경제수역에 관한 문제도 미룰 수 없는 문제가 되었고, 결국 독도문제도 더 이상 조용한 대응으로 관리할 수 없는 문제가 되었습니다.

독도를 분쟁지역화 하려는 일본의 의도를 우려하는 견해가 없지는 않으나, 우리에게 독도는 단순히 조그만 섬에 대한 영유권의 문제가 아니라 일본과의 관계에서 잘못된 역사의 청산과 완전한 주권확립을 상징하는 문제입니다. 공개적으로 당당하게 대처해 나가야 할 일입니다.

존경하는 국민 여러분,

이제 정부는 독도문제에 대한 대응방침을 전면 재검토하겠습니다. 독도문제를 일본의 역사 교과서 왜곡, 야스쿠니신사 참배 문제와 더불어 한·일 양국의 과거사 청산과 역사인식, 자주독립의 역사와 주권 수호의 차원에서 정면으로 다루어 나가겠습니다.

물리적인 도발에 대해서는 강력하고 단호하게 대응해 나갈 것입니다. 세계 여론과 일본 국민에게 일본 정부의 부당한 처사를 끊임없이 고발해 나갈 것입니다. 일본 정부가 잘못을 바로잡을 때까지 전국가적 역량과 외교적 자원을 모두 동원하여 지속적으로 노력해 나갈 것입니다.

그밖에도 필요한 모든 일을 다 할 것입니다. 어떤 비용과 희생이 따르더라도 결코 포기하거나 타협할 수 없는 문제이기 때문입니다.

저는 우리의 역사를 모독하고 한국민의 자존을 저해하는 일본 정부의 일련의 행위가 일본 국민의 보편적인 인식에 기초하고 있는 것은 아닐 것이라는 기대를 가지고 있습니다. 한·일 간의 우호관계, 나아가서는 동아시아의 평화를 위태롭게 하는 행위가 결코 옳은 일도, 그리고 일본에게 이로운 일도 아니라는 사실을 일본 국민들도 잘 알고 있을 것이기 때문입니다. 우리가 감정적 대응을 자제하고 냉정하게 대응해야 하는 이유도 여기에 있습니다.

일본 국민과 지도자들에게 간곡히 당부합니다.

우리는 더 이상 새로운 사과를 요구하지 않습니다. 이미 누차 행한 사과에 부합하는 행동을 요구할 뿐입니다. 잘못된 역사를 미화하거나 정당화하는 행위로 한국의 주권과 국민적 자존심을 모욕하는 행위를 중지해 달라는 것입니다. 한국에 대한 특별한 대우를 요구하는 것이 아니라 국제사회의 보편적인 가치와 기준에 맞는 행동을 요구하는 것입니다. 역사의 진실과 인류사회의 양심 앞에 솔직하고 겸허해지기를 바라는 것입니다.

일본이 이웃나라에 대해, 나아가서는 국제사회에 이 기준으로 행동할 때 비로소 일본은 그 경제의 크기에 걸맞은 성숙한 나라, 나아가서는 국제사회에서 주도적인 역할을 할 수 있는 국가로 서게 될 것입니다.

국민 여러분,

우리는 식민지배의 아픈 역사에도 불구하고 일본과 선린우호의 역사를 새로 쓰기 위해 부단히 노력해 왔습니다. 양국은 민주주의와 시장경제라는 공통의 지향 속에 호혜와 평등, 평화와 번영이라는 목표를 향해 전진해 왔고 또 큰 관계발전을 이루었습니다.

이제 양국은 공통의 지향과 목표를 항구적으로 지속하기 위해 더욱 더 노력해야 합니다. 양국 관계를 뛰어넘어 동북아시아의 평화와 번영, 나아가서 세계의 평화와 번영에 함께 이바지해야 합니다. 그러기 위해서는 과거사의 올바른 인식과 청산, 주권의 상호 존중이라는 신뢰가 중요합니다.

일본은 제국주의 침략사의 어두운 과거로부터 과감히 떨쳐 일어나야 합니다. 21세기 동북아의 평화와 번영, 나아가 세계 평화를 향한 일본의 결단을 기대합니다. 감사합니다.

군사독재가 유능하다고,
성공했다고 말하고 싶은 것인가?

5·18민주화운동 27주년 기념사(2007년 5월 18일)

존경하는 국민 여러분, 광주시민과 전남도민 여러분,

바로 엊그제 일 같은데 벌써 스물일곱 돌이 되었습니다. 먼저 자유와 정의, 민주주의를 위해 고귀한 목숨을 바치신 임들의 영전에 머리 숙여 경의를 표하고 삼가 명복을 빕니다.

고문과 투옥, 부상의 후유증으로 지금 이 순간까지 고통 받고 계신 피해자 여러분, 사랑하는 가족을 가슴에 묻고 통한의 세월을 살아오신 유가족 여러분께 충심으로 위로의 말씀을 드립니다.

아울러 성숙한 시민의식으로 역사의 고비마다 시대적 사명을 앞장서 실천해 오신 광주시민과 전남도민 여러분께 깊은 존경과 감사의 말씀을 드립니다.

국민 여러분,

5·18은 역사에 많은 의미를 남기고 있습니다.

무엇보다도 정의는 반드시 승리한다는 진리를 확인해 주었습니다. 1980년 광주에서 타오른 민주화의 불꽃은 꺼지지 않는 횃불이 되어 1987년 6월항쟁으로 이어졌고, 마침내 군부독재를 물리쳤습니다. 군부와 언론에 의해 폭도로 매도되어 무참히 짓밟혔던 5·18 광주는 민주주의의 성지로 부활했습니다.

5·18 그날의 광주는 목숨이 오가는 극한 상황에서도 놀라운 용기와 절제력으로 민주주의 시민상을 보여 주었습니다. 너와 내가 따로 없이 부상자를 치료하고 주먹밥을 나누었습니다. 시민들의 자치로 완벽한 민주질서를 유지했습니다. 그리고 마지막 순간까지 대화를 위한 노력을 멈추지 않았습니다. 참으로 세계 시민 항쟁의 역사에 유례가 없는 민주시민의 모범을 보여 주었습니다.

이제 이 같은 비극이 다시는 없을 것입니다. 불의한 권력이 국민의 자유와 인권을 짓밟는 역사가 되풀이되지 않을 것입니다. 역사의 큰 물줄기는 모든 사람들이 자유롭고 평등하며 평화로운 삶을 누리는 방향으로 흘러갈 것입니다. 그리고 그 어느 누구도 이 도도한 진보의 흐름을 가로막거나 되돌리지 못할 것입니다.

4·19혁명, 10·16부마항쟁, 5·18민주화운동, 6월항쟁의 역사가 우리들의 가슴 속에 우리들의 피 속에 살아 있기 때문입니다.

국민 여러분,

모든 것이 다 해결된 것만은 아닌 것 같습니다. 요즈음 다시 민주주의 역사를 냉소하고 비방하는 사람들이 있습니다. 민주세력이 무능하다거나 실패했다는 말을 하는 사람들이 있습니다. 민주세력임을 자처하는 사람들 중에도 그런 사람들이 있으니 참으로 민망하기 짝이 없습니다.

그분들에게 한번 물어보고 싶습니다. 이 나라 민주세력이 누구보다 무능하다는 얘기입니까? 언제와 비교해서 실패했다는 얘기인지 정말 물어보고 싶습니다. 군사독재가 유능하고 성공했다고 말하고 싶은 것이냐 물어보고 싶습니다.

민주세력은 새로운 역사를 쓰고 있습니다. 정치·경제·사회·문화·외교안보, 모든 면에서 1987년 이전과는 뚜렷이 구분되는 새로운 대한민국의 역사를 쓰고 있습니다.

독재정권을 퇴장시키고 민주주의 시대를 활짝 열어 가고 있습니다. 약 10년간 정권의 성격을 말하기 어려웠던 과도기가 있었습니다만, 우리는 1997년 마침내 완벽한 정권 교체를 이루어 냈습니다. 그리고 독재체제에서 구축된 특권과 반칙, 권위주의 문화를 청산해 가고 있습니다. 정경유착과 권력형 부패의 고리를 끊어 내고 있습니다. 권력기관은 제자리로 돌려보내고, 권력과 언론의 관계도 다시 정리하고 있습니다. 더 이상 유착은 없을 것입니다. 과거사 정리로 역사의 대의를 바로잡아 가고 있습니다. 투명하고 공정한 사회로 가고 있습니다. 국민들은 자유와 인권을 누리고 창의를 꽃피우고 있습니다. 진정한 국민주권 시대를 열어 가고 있습니다.

이보다 더 큰 일이 무엇입니까? 이 큰 일을 민주세력보다 누가 더 잘 할 수 있다는 것입니까?

군사정권의 경제성과를 군이 깎아내리지는 않겠습니다. 그러나 군사정권의 업적은 부당하게 남의 기회를 박탈하여 이룬 것입니다. 그리고 그 업적이 독재가 아니고는 불가능한 업적이었다는 논리는 증명할 수 없는 것입니다. 그런 논리는 우리 국민의 역량을 너무나 무시하는 것입니다.

실제로 1987년 민주화 이후부터 우리 경제는 체질을 전환하기 시작했습니다. IMF 외환위기는 개발독재의 획일주의와 유착경제의 잔재를 신속하게 청산하지 못한 데서 비롯된 것입니다. 국민의 정부는 신속하고 과감한 개혁과 구조조정을 통해 이 위기를 극복해 냈습니다. 이후 우리 경제는 인재 중심의 지식기반경제, 혁신 주도의 경제로 빠르게 전환되고 있고, 개방을 통해 세계적 흐름에도 한걸음 앞서가고 있습니다.

1987년보다 나라의 경제적 역량이 훨씬 더 성장하고 있지 않습니까? 세계 선진국 속에서의 순위도 훨씬 더 올라가고 있지 않습니까? 경제 규모·과학기술·산업 경쟁력·환경·문화, 이 모든 분야에서 그 이전과는 비교도 할 수 없을 만큼 세상이 달라지고 있습니다. 수출 4천억 달러, 국민소득 2만 달러 시대를 눈앞에 두고 있습니다. 이제 누구도 의심 없이 3만 달러 시대를 공약하고 있습니다.

자유와 창의가 꽃피는 사회, 투명하고 공정한 사회라야 의욕 넘치는 시장, 혁신하는 경제를 만들 수 있습니다. 민주정부가 아니고는 할 수 없는 일들입니다.

국민의 정부 시절 기초생활보장제도가 도입되고 전 국민 국민연금 시대가 열렸습니다. 그리고 이제는 복지투자를 사회투자전략으로 발전시켜 나가고 있습니다. 사람에 대한 투자를 통해 나라의 경쟁력을 높이고 모두에게 기회가 열려 있는 더불어 잘 사는 균형사회를 만들자는 전략입니다. '함께 가는 희망한국 비전 2030'이 바로 그것입니다. 이 또한 민주정부가 하는 일입니다.

평화주의를 확실한 대세로 굳혀 가고 있습니다. 남북관계가 오랜 냉전의 굴레에서 벗어나 화해협력의 길로 확실하게 방향을 잡아 가고 있습니다. 핵심적인 군사 요충지였던 개성공단이 한반도 경제협력의 중심으로 거듭나고 있습니다. 반세기 이상 끊어졌던 남북한의 철길도 어제 전 국민이 지켜보는 가운데 감격스럽게 열렸습니다. 이렇게 가면 한반도의 평화와 안정이 더욱 굳어지고 한국경제에 새로운 기회도 열릴 것입니다.

또한 한·미관계가 일방적인 의존 관계에서 상호 존중의 협력 관계로 바뀌어가고 있습니다. 자주국방도 착착 진행되고 있습니다. 한·미동맹은 여전히 견실합니다. 노벨평화상을 수상하고, 유엔 사무총장을 배출했습니다. 국제사회에서의 위상이 이렇게 달라지고 있는 것입니다.

민주정부가 아니고는 결코 거둘 수 없는 성과입니다. 민주세력이 이룬 성취입니다. 민주세력이야말로 한국의 미래를 새롭게 열어 가고 있습니다. 우리 스스로를 깎아내리지 맙시다. 역사의 가치를 함부로 폄훼하지 맙시다.

지금 이 시간에 민주, 반민주로 편을 갈라서 서로 헐뜯고 싸우자는 말이 아닙니다. 정당하게 평가받아야 될 역사적 가치가, 정당하게 평가받아야 할 역사적 세력이 그렇게 훼손되어서는 안 된다는 것입니다.

다시 한 번 민주주의를 위해 헌신해 오신 분들께, 그리고 희생하신 분들께 깊은 감사와 존경의 말씀을 드립니다.

존경하는 국민 여러분,

그러나 아직도 남은 일이 있습니다. 정말 입에 올리기도 가슴 아픈 일이지만 그러나 우리 정치에 지역주의가 아직 남아 있습니다. 이것은 숨길 수 없는 사실입니다.

5년 전 이곳 광주시민들은 참으로 훌륭한 결단을 해 주셨습니다. 영남 사람인 저를 대통령이 될 수 있도록 만들어 주셨습니다. 저는 여러분의 결단에 보답하고자 혼신의 노력을 다해 왔습니다. 이제 국정운영과 정부 인사에서 지역차별, 편중인사, 이런 비판들은 점차 사라져 가고 있는 것 같습니다. 말을 해도 설득력이 없기 때문일 것입니다.

영남의 국민들도 화답하고 있습니다. 지난 대통령 선거와 그 이후의 선거에서는 영남에서도 30% 내외의 국민이 지역당을 지지하지 않았습니다. 기대를 걸어 볼 만한 의미 있는 변화 아니겠습니까? 만일 선거제도가 합리적인 제도로 되어 있었더라면 영남에서도 아마 30% 가까운 지역당에 반대하는 정당이 생겼을 것입니다. 그래서 서로 경쟁하는 정치가 이루어졌을 것입니다. 그러나 유감스럽게도 제도는 바꾸지 못했고, 지금 정치는 다시 후퇴의 조짐이 나타나고 있습니다.

존경하는 국민 여러분,

지역주의는 어느 지역 국민에게도 이롭지 않습니다. 오로지 일부 정치인들에게만 이로울 뿐입니다.

지역주의를 극복하지 않고는 정책과 논리로 경쟁하는 정치, 대화와 타협으로 국민의 뜻을 모아 가는 정치, 정치인의 이익이 아니라 국민에게 봉사하는 정치, 그런 아름답고 수준 높은 정치를 보기가 어려울 것입니다. 욕설과 몸싸움, 태업과 공전을 일삼고 공천헌금과 정치부패를 반복되는 정치를 벗어나지 못할 것입니다. 지난해 지방 선거에서는 공천헌금 비리가 118건에 이르렀습니다. 이대로 가면 부패정치가 되살아날지도 모릅니다.

여러분이 제게 대통령의 중책을 맡긴 것은 제가 일관되게 지역주의에 맞서 왔기 때문일 것입니다. 그러나 저는 아직도 책임을 다하지 못했습니다. 물론 앞으로도 끝까지 책임을 다하기 위해 노력할 것입니다. 그러나 제게 더 남은 힘이 별로 있는 것 같지 않아서 무척 안타깝습니다.

이제 다시 국민 여러분의 몫으로 돌아가는 것 아닌가 생각됩니다. 국민 여러분의 깊은 헤아림이 필요한 때입니다.

국민 여러분,

문제가 있고 어려움이 있어도 역사는 앞으로 진전할 것입니다.

역사를 멀리 내다보고, 가치를 소중히 여기고, 바른 역사, 정의로운 역사를 위해 헌신하고 희생하는 사람이 있기 때문입니다.

우리 모두 5·18의 숭고한 정신을 다시 한 번 새깁시다. 마음과 힘을 모아 성숙한 민주주의를 꽃피우고 선진한국의 밝은 미래를 함께 열어 나갑시다.

이곳에 계신 5·18 영령께서 우리를 이끌어 주실 것입니다.

감사합니다.

잃어버린 10년이라고 합니다

한국PD연합회 창립 20주년 축사(2007년 8월 31일)

여러분 반갑습니다. 좀 격식 없이 말해도 괜찮겠죠. 여러분들도 조금 놀랐을 겁니다. PD모임에 대통령이 왜 왔을까. 저도 조금 놀랐습니다. 여러분들의 모임이 제가 생각했던 것보다 훨씬 소박해서 좀 놀랐습니다. 방송프로듀서들이 일하는 곳은 방송사이고, 방송사는 언론사이고, 언론사는 막강한 권력이 있어서 언론사 행사에 가 보면 흔히 말하는 기라성 손님이 가득 들어차 있는데 이 자리에는 와보니까 여러분과 아주 가까운 사람들하고 여러분들이 특별히 좋아하는 사람들이 와있습니다. 특별한 손님이 없어요. 제가 와서 좀 멋쩍어졌습니다.

의아스럽다는 느낌도 있지만 느낌이 참 좋고요. 희망 같은 것이 있지 않은가. 이런 모습에 대해서 억지로 해석을 붙이는 것 같기는 합니다만, 그래도 PD연합회라는 곳에 우리 한국사회에 희

망이 있을 지도 모르겠다는 생각을 해 봅니다. 제가 왜 왔냐, 궁금하시죠. 저는 PD연합회가 되게 센 줄 알고 왔습니다. (일동 웃음) 저는 지금도 그렇게 생각하고 있습니다. 말하자면 방송의 전 영역을 커버하고 있지요. 보도는 주로 사실 보도라는 국한된 범위이지만 여러분들은 보도 영역에도 관여하시고, 순수한 예술적인 창작의 영역에도 참여하시고, 대중들의 정서와 함께 하는 대중문화에도, 주로 대중문화에 제일 많이 참여하시죠.

그러니까 보기에 따라 영향력이 일반 보도만 하는 사람들보다 훨씬 큰 사회적 영향력을 가지고 있지요. 그런데 사람들은 여러분들이 그만한 큰 영향력을 가지고 있다는 사실을 잘 모르는 모양입니다. 저는 여러분들이 굉장히 큰 영향력 가지고 있다고 믿는 사람입니다.

조언을 하나 해드리지요. 권력은 아무리 큰 권력을 가지고 있어도 휘두르지 않으면 아무도 안 알아줍니다. 더러 좀 쓰세요. (일동 웃음) 쓰시면 아마 알아주는 사람도 많고 이런 모임에 여러분들이 굳이 원하지 않을지도 모르지만 초청하면 많은 사람들이 옵니다.

87년에 여러분 연합회가 탄생했습니다. 87년은 제게 새로운 인생을 열어준 해입니다. 그해 6월 9일에 제가 부산에서 영장을 3번 청구해서 3번 기각되는 사건이 있으면서 조금 보도를 탔지요. 그 전에도 더러 나오곤 했는데, 그러니까 미디어에 본격적으로 등장한 해입니다. 87년 6월항쟁에는 저도 큰 감투를 맡아가지고 제법 했노라고 그렇게 얘기할 수 있는 경력이 있었고요. 오늘이 8월 31일이지요. 사실은 이때 제가 대우조선 사건으로 막 구속됐을 때입니다. 지금 해운대 경찰서에 있을 시기입니다. 그 뒤 11월에 변호사 자격 정지를 먹었습니다. 그러니까 울고 싶은데 매 때렸다고, 안 그래도 누구나 국회의원 배지 달고 재는 것 보면 나보고 저거 한번 해보고 싶다는 생각이 드는데 변호사 못하게 하니까 그거 한번 하면 좋겠다고 그렇게 해서 정치에 대해 생각하기 시작했습니다.

그 다음에 2월에 공천을 받고 정치에 나섰습니다. 그러니까 87년은 제 인생에도 큰 전환기였습니다. 여러분들이 태어난 것과 같은 사회적 환경과 조건으로 태어났었지요. 그래서 여러분들과 저하고 보기에 따라서는 역사적으로는 남남이 아니라고 말할 수는 있지요. 이럴 때 박수 한 번 쳐주셔도 괜찮습니다. (일동 박수)

그렇지만 그냥 마음으로 축하하고 넘어갔을 것입니다. 오늘 꼭 온 것은 하고 싶은 말이 있는데 말할 자리가 없었어요. (일동 웃음) 기자간담회 한번 하겠다고 하면 비서실에서 '나가봤자 절대로 좋은 기사 안 나오니까 나가지 마세요, 당신이 뭐라고 얘기하든 얘기한 것은 몇 사람에게만 전달되고 그 다음에 나가는 기사는 전부 기자 마음에 달린 거니까 가급적이면 사건 만들지 마세요' 그러니까 말할 자리가 없는 것이죠. 초청 좀 해주면 말을 좀 하겠는데 아무도 초청도 안 해요. 그런데 마침 여러분들이 제게 영상메시지 하나 보내달라고 하셨습니다. 저도 아마 20살짜리 새로운 인생이니까, 동갑내기라고 축하 영상메시지라도 하나 보내달라고 해서…. 영상메시지보다는 실물이 안 좋겠습니까. (일동 웃음)

방송 영역에서, 언론 영역에서 일하고 계시기 때문에 언론하고 저하고의 인연에 대해 몇 가지 말씀을 드리겠습니다. 제가 하고 싶은 얘기를 좀 말씀드리겠습니다. 그러나 여러분과 전혀 관계없는 것은 아닐 것입니다. 여러분이 고민하고 있는 문제하고 같이 가거나 아니면 적어도 끝에 가면 맞닿아 있을 것이라고 생각합니다.

제가 초등학교, 중등학교 다닐 때 제가 아는 신문은 오로지 동아일보 하나였는데, 독재와 맞서서 싸우고 있었습니다. 그래서 우리 진영읍에 동아일보 신문지국장을 무지 무지하게 존경하고 있었습니다. 그 뒤에는 언론에 대해 잘 몰랐습니다. 80년대 초부터 저도 소위 인권변호사, 노동변호사라는 이름을 달고 사회 현실에 참여하기 시작했는데 우리 언론이 왜 독재정권의 입노릇을 하고 그 사람들이 좋아하는 말만 하는지 그래도 저는 잘 몰랐습니다. 그 뒤에 제가 제 문제에 관해서 부닥쳐 보니까 거짓말이 너무 많아요. 사실과 다른 얘기, 이치가 맞지 않는 얘기를 너무 일방적으로 많이 해서 '아, 이 사람들이 독재 권력의 앞잡이 노릇을 하고 있구나' 이런 인식을 가지고 지나왔습니다.

그런데 87년이 지나고 그 뒤로 가면서 많이 달라졌지요. 제가 막연하게 보기에는 언론이 마치 그 당시 우리 사회 큰 격동기의 흐름과 마찬가지로 양쪽으로 편을 갈라가지고 한쪽은 아주 수가 많고 힘이 세고 한쪽은 힘이 적지만 편을 갈라서 싸우는 것 같았습니다. 87년 대선 때 특히 많이 그랬고 그 뒤로 가면서도 편을 갈라 싸우는 모습을 봤는데, 어떻든 그때는 언론이 자유롭기 시작했던 것 같습니다. 그런데 진정으로 자유롭고 싶은 사람은 자유로워졌고, 자기가 선 자리 때문에 스스로 알아서 자유롭기를 거부한 언론도 있었던 것 같습니다. 그게 그 시절이었습니다.

그래서 우리편 언론 좋아 보이고 저하고 반대편 언론은 미워 보이고, 그 때부터 제가 반대편 언론하고 꾸준히 싸움을 했습니다. '확 긁어버린다' '확 조져버리겠다'는 협박을 참 많이 당했고…. 저에게 해보고 안 되니까 당에 가서 '노무현 대변인의 소송을 취하시키지 않으면 당을 긁겠다, 시리즈로 긁겠다'고 하는 바람에 적이 됐지요. 그러면서 지금까지 편을 갈라 우리편, 저편 대개 언론을 그렇게 이해하고 있었습니다.

그런데 노태우 대통령이 말년에 그들을 지지하는 언론으로부터 드디어 버림을 받고 몰락하는 모습을 봤습니다. 말하자면 새로운 권력의 대안이 떠올랐기 때문이지요. 김영삼씨라는 새로운 권력의 대안을 선택하고 노태우 대통령을 무력화시켜 나가는 과정을 봤습니다. 그리고 문민정부 말년에 가니까 또 새로운 권력의 대안과 손잡고 김영삼 정권을 가차 없이 침몰시켜 버리는 모습을 봤습니다. 권력 내에서 말하자면 제1당의 지위를 무력화시켜버린 것이죠. 그런 모습을 봤습니다. 그러면서 '아, 언론은 권력이다. 그들이 어느 권력에 편드는 권력이 아니라 그들 스스로 이미 권력이구나' 그렇게 느끼고 있었습니다.

그러나 제가 관여할 만한 역량이 되지 않아서…. 언론개혁안에 대한 이런 저런 말들이 있었습니다만 예를 들면 소유에 대한 규제, 편집권 독립에 관한 문제, 그리고 언론의 편중의 문제 이런 것들을 어떻게 개선해야 하느냐 이 문제만 가지고 있었죠. 그런데 유감스럽게도 제가 대통령에 당선돼 버렸습니다. 인수위를 운영하는 기간 동안에 니편 내편 할 것 없이 새로운 갈등이 생겼습니다. 뭐냐 하면, 저는 아직 들어보지도 않고 아무 결정도 하지 않았는데 신문을 보면 전부 새로 들어설 정부 인수위가 이런 정책도 결정하고 저런 정책도 결정하고 계속 나옵니다. 그런데 정책을 결정한 것만 아니라 그 정책에 대한 비판기사 또한 따라 나옵니다. 조금 있다가 그거 아니라고 얘기하면 오리발이라고 또 비판합니다.

정책이라는 것은 여러분 아시듯이 청와대에서 기획할 때도 있고, 아이디어에서부터 출발하는 것 아닙니까? 지금은 여러분들이 언론사에서 만드는 많은 기사 하나하나가 정책의 단서가 되는 경우가 굉장히 많습니다. 그러면 실무자가 정책을 기획하고 그 다음 상급자와 협의하고 그 다음 부서 안에서 소위 연구과제로 채택되면 그 다음에 그것을 가지고 관계되는 부서하고 다시 조정을 해야 합니다. '이런 방향으로 가보려고 하는데 어떻게 하면 좋겠느냐' 어느 정도 조율되면 경우에 따라서는 정책에 대해 많은 조사 분석을 해야 되는 경우가 있습니다. 조사하고 분석하니까 그 기간에 사실들이 전부 알려질 수밖에 없습니다. 그런데 아직까지 실무자 차원에서 정책 기안 차원에서 검토되고 있을 뿐이지 그 부처의 정책으로 채택되지 않은 정책, 더욱이 부처 간 협의를 거치지 않은 정책, 심하면 총리실이나 청와대의 승낙을 받아야 될 정책까지 일개 과장 수준, 사무관 수준에서 전부 정책이 돼가지고 마구 나와 버립니다.

더욱이 인수위에 있는 사람 가운데 공직경험이 없는 사람은 잘 모르니까 묻는 대로 그냥 한마디 해버리면 그날 대문짝하게 나옵니다. '칸을 미리 비워 놓고 무조건 인수위 기사로 다 채우라는 명령이 떨어져 있기 때문에 우리로서는 그렇게 하지 않을 수 없다'고 그럽니다. 그동안 문서까지 사라져 버리고요. 수월하게 말하겠습니다. 도둑맞았습니다. 우리 나름대로 기획 문서인데 도둑맞았으니까…. 그래서 정부 조직의 기능을 보호해야 되겠다, 그런 생각을 가지게 됐습니다. 도저히 이대로는 정부 조직의 기능을 유지해 갈 수 없다, 지금도 엇박자 계속 나오지요. 엇박자 기사 항상 나옵니다. 아직까지 다 익지 않은 정책에 대해서 물으면 공무원들 자기 생각대로 불쑥 얘기해 버리고, 전혀 훈련이 안 되어있어요.

그래서 시작했습니다. 그래서 참여정부가 처음 시작한 것이 첫째, 특권을 인정하지 않는다. 그래서 검찰도 제 측근을 임명하지 않고 그 안에서 가장 신망 있다는 사람을 임명했습니다. 그러

니까 일선 검사들과 토론까지 했는데 좀 흥했다고 말하는 사람
도 있었고요. 어떻든 그들에게 특권을 주지 않고 그들의 도움을
받지 않겠다는 것입니다. 소위 특권과 유착의 구조가 제게 큰 과
제였지요. 그래서 검찰, 국정원, 국세청, 경찰 전부 각기 자기 일
들을 하게하고 그들의 특별한 도움, 말하자면 법적으로 허용되
지 않는 일체의 도움을 내가 받지 않는 대신에 그들도 가외의 권
력을 행사할 이유가 없고 잘못이 있어도 비호 받을 수 없습니다.
제가 불법적인 명령이 아니라 청탁을 해서 그 사람들이 나를 위
해 불법적인 일을 하고 나면, 그 다음에 그 사람들의 오류, 과오
가 발견됐을 때도 제가 징계할 수가 없지요. 그런 것 아니겠습니
까? 그런 공생관계를 청산했습니다.

　그 다음이 언론 차례입니다. 언론들이 사실은 제가 보기에 상
당히 막강한 특권들을 누리고 있더라는 것이죠. 심지어 인사에
대해서도 발언할 만큼 강한 권력을 가지고 있었습니다. 그래서
그 근거가 되는 제도들 몇 가지를 끊어버린 것이죠. 그 때 기자실
을 폐지시켰습니다. 그런데 다 폐지된 줄 있었는데 몇 년 지나고
보니까 아직 그루터기가 남아 있어요. 옛날 우리 어려서 고구마
농사지을 때 고구마를 다 캔 것 같은데 비오고 난 뒤에 보면 고
구마가 순이 올라와요. 고구마가 이삭이 여기저기 남아 있는 것
처럼 남아 있어요. 무덤가에 아카시아가 자꾸 들어오면 골치 아
프거든요. 아무리 잘라도 자꾸 들어와요, 뿌리가 남아있어 가지
고…. 그렇게 기자실이 남아 있어요.

가판 끊고 그 다음에 일체 접대하지 마라, 그래서 '술밥 먹고' 이렇게 말했다가 기자들이 '우리가 술밥 얻어먹고 다니는 사람 인줄 아냐'고 또 막 화를 내니까 '아, 내가 말을 심하게 했구나. 표현을 좀 다르게 해야 되는데' 그러기도 했습니다. 그 뒤에 일체 금지시키고 그런 일이 있을 때 징계하겠다고 엄포 놓고…. 눈이 많지 않아서 완전히 근절이야 했겠습니까만, 가판, 기자실, 그 다음에 사무실 무단출입을 막았습니다. 세계에 그런 일이 없다고 해서, 또 그건 막아야 합니다. 그리고 사전에 취재할 때 원칙적으로 공보실을 통해 취재하도록 했습니다. 또 공직자가 기자들과 대담·인터뷰를 할 때는 반드시 정부의 정책을 다시 확인해야 한다는, 말하자면 연관된 정책에 대해서 확인해야 하기 때문에 반드시 대변인실과 상의해라, 공보실과 협의해라, 그런 것이 사전 승인 되는 것이죠. 승인 받아라. 그 때부터 이제 참여정부는 언론 탄압하는 정부가 된 것이죠. 여기까지 왔습니다.

지금 이 시점에서 제가 말씀드리고 싶은 것은, 저도 주장이 있습니다. 이 문제에 대해서 저도 정당성을 주장하기 위해서 그 정당성을 뒷받침하는 여러 가지 사실들을 국정브리핑에 잔뜩 올려 났습니다. 그런데 우리 신문 방송들은 전혀 쓰지도 않고 읽지도 않습니다. 정당하냐. 언론이 개인의 사유재산이냐 공공의 재산이냐, 공공재냐 개인재냐. 공공재라고하면 어떤 공공재냐. 그 사회의 공론이 다 표출되게 하고 공무원 사이에 토론과 설득과 납득, 양보와 타협 이런 것들이 이루어질 수 있는 근거의 장을 마련하는 것이죠. 경기를 운영해 줘야하는 것입니다. 경기위원회로서 선수들이 뛸 수 있도록 경기를 운영하는 겁니다.

자기 이해관계가 걸렸을 때는 어떻게 하냐, 그래도 그 공론의 장에 모두를 다 올려놓고 공정하게 뛰게 해줘야 합니다. 그럼 노무현 하고 싶은 얘기도 실어줘야 될 것 아닙니까? 전 세계에서 기자실을 운영을 하고 있는 나라가 과연 몇 개국이나 되며, 그 기자실에 대한 선진국 기자들의 평가는 어떻게 나와 있으며, 사무실 출입에 대한 원칙은 어떻게 돼 있으며, 기자가 공무원을 인터뷰하려고 할 때 거치는 절차가 어떻게 돼 있는지에 대해서, 우리가 주장하는 문제에 대해서 같이 내놓고 같이 갑론을박하고 이해관계가 없는 제3자 그리고 이 사회의 지성을 가진 사람들이 판단하게 해줘야 될 것 아닙니까. 전혀 안 합니다. 그들의 사유물입니다. 그래서 제가 어디 가서라도 이 말을 해야겠는데 말할 데가 없습니다. 이 말이 보도가 될까요. (일동 박수)

그리고 대한민국, 아이들을 안 낳습니다. 아이를 더 낳게 하려고 저출산고령화시대를 대비한 자녀교육, 자녀양육에 관한 정책 합의를 하고 왔습니다. 연대회의를 만들어 가지고서 합의하고 왔습니다. 아이를 낳을 수 있는 환경을 만들어줘야 아이를 낳을 거 아닙니까? 보육하기 좋게 하고 교육하게 좋게 하고 취직걱정도 덜고 노후걱정도 적게 해줘야 아이를 낳을 것 아닙니까? 총체적으로 내가 아이를 낳으면 그 아이가 장래가 있을까, 성공할 수 있을 것인가 거기에 대한 낙관적 전망이 있어야 아이를 낳을 것입니다. 그 아이가 전망이 있을 것인가 알기 위해서는 우리나라가 성공할 것인가를 먼저 알아야 하는 것이죠. 좀 더 가까이 실감나게 알기 위해서는 일류사회로서 미래가 있는가 하는 데까지 전망을 해봐야 될 것입니다.

나라의 미래가 있는가, 이렇게 생각해 보면 언론과 관련된 문제입니다. 나라의 미래가 있는가. 있다고 생각합니다. 있습니다. 경쟁에서 낙오하면, 국가가 낙오하면 미래가 없을 것입니다. 경쟁이 인간의 행복을 오히려 황폐하게 만드는 것 아니냐는 많은 문제제기가 있음에도 불구하고 아마 이 현실을 우리가 거역하지 못할 것입니다. 살아서 숨 쉬는 한 거역할 수 없는 것이 경쟁의 환경입니다. 그래서 국가도, 개인도 경쟁해서 이겨야 할 것입니다. 그러나 '경쟁력의 원천이 무엇인가'에 대해서는 개방과 민영화만이, 또는 작은 정부 이런 것만이 아니라 총체적으로 아이 낳아서 기르는 데서부터 노인들의 생활에 대한 안정과 만족감까지 총체적으로 국가경쟁력이라고 말하는 사람들도 있습니다. 그런 사회투자론, 사회국가 투자론이 제기되고 있습니다. 그것 맞습니다.

어떻든 경쟁력이라는 프레임으로 우리가 얘기하는 것인데 그러나 경쟁력만 있는 국가가 과연 성공할 수 있는가. 저는 절대 그렇지 않다고 생각합니다. 사람이 한계선 이하로 낙오하지 않아야 됩니다. 극단적으로 말하면 막가파, 지존파가 나오지 않는 사회라야 그 사회에 더불어서 안전하게, 행복 하게 살 수 있는 것입니다. 나아가서는 사회 갈등과 대립, 분열을 우리가 극복할 수 있어야 하는 것입니다. 한마디로 말해 통합할 수 있어야 되는 것입니다. 민주주의 사회는 개성을 존중하는 사회이기 때문에 각자 하고 싶은 대로 하는 것입니다만, 그러나 우리가 합의해서 함께 하지 않으면 안 되는 상당히 많은 일들이 있습니다.

'나 군대 가기 싫다.' 존중하되 그러나 그것이 자기 마음대로 하는 것이 대세는 되지 않도록 그 자유는 아주 예외적인 자유가 되도록 해 줘야 되는 것입니다. '세금 내기 싫다.' 그렇게 하면 안 되는 것이죠. 합의해야 되는 부분들이 있습니다. 합의해야 되는 부분에 합의가 이루어 질 수 있을 때, 우리가 크게 말해서 공동체를 이대로 가지고 가자, 이 공동체 안에서 우리가 각자 개인의, 공동체의 목적을 함께 살려보자는 것입니다. 공동체를 함께 꾸려가면서 개인의 자유와 창의, 그리고 꿈을 살려보자, 이 전제는 어떤 사회에서도 거역할 수 없는 것이라고 생각합니다. 그래서 통합이 필요한 것입니다.

옛날에는 임금이 강제로 통합을 했습니다. 전제권력을 통해서 강제로 지배함으로써 국민들을 통합했습니다. 그러나 그런 경우에도 사회의 행복의 균형이 너무 심하게 깨졌을 때 그 사회는 유지될 수 없기 때문에 많은 왕조가 망했고, 새 왕조가 들어서는 것을 반복하다가 드디어는 민주주의라는 체제의 변혁이 일어난 것 아닙니까? 그래서 사회적 균형이라는 것은 객관적 조건입니다. 주관적으로 차이와 불균형을 얼마만큼 우리가 용인하고 그것을 수용할 것이냐. 공동체 안에서는 불균형이지만 그래도 전체적으로 봐서 나한테 이익이다, 내가 혼자 떨어져 나가는 것보다는 이익이라고 판단할 것인가는 사람의 사고방식에 달려 있습니다. 똑같은 상황을 놓고 어떤 사람은 견딜 수 없는 억압이라고 생각하고 어떤 사람은 이 정도는 당연한 통제라고 생각하는 차이가 있습니다. 이것 때문에 그 공동체를 유지해 가려고 하는 사람은 이데올로기를 만드는 것입니다. 이데올로기를 만들고 또 공동체 운영을 위해서 필요 권력을 창출해 놓으면 권력이 사유화 되어서 그 안에서 자기가 특권을 누리기 위해 또 이데올로기를 만들고요.

우리 공동체의 이데올로기에는 반드시 필수 불가결한 이데올로기가 있습니다. 다른 한편 권력을 누리는 사람이, 절대적 진리에 대한 해석 권한을 가진 사람이-진리가 있는지는 모르지만-지휘, 명령하고 자기 이익을 위해 자의적으로 새로운 규칙들을 만들어 넣습니다. 이것이 문제가 된 것이죠. 면죄부를 판 것도 거기에 해당되는 거 아니겠습니까? 이렇게 규칙을 만들어 오던 것도 드디어 인간의 이성이 눈뜨기 시작하고 인간의 자유와 평등의 가치를 확실하게 이해하게 되면서부터 무너지고 민주주의 사회가 된 것입니다.

지금 민주주의 사회에서 '그러면 이건 어떻게 하냐' 이거죠. 여기에서 합의를 어떻게 이끌어 나가느냐. 아마 이 자리에 프로그램을 만든 분도 계실 수도 있겠지만, FTA를 놓고 저와 의견이 많이 달랐습니다. 저도 거기에 대해서 〈국정브리핑〉에 반박문을 쓰고 또 쓰고 또 쓰고 했습니다. 그런데 의견이 다르단 말이죠. 어떻게 할 거냐. 다행히 FTA에 대해서는 결론이 어떻든 간에 많은 토론이 있었습니다. 그 토론과정에서 사실이 아닌 것은 많이 걸러졌습니다. 그러나 사실이 아닌 것을 걸러내는데 우리는 엄청나게 많은 정력을 소비했어야 했습니다. 그렇게 했지만 그런 토론을 거쳐 점차 점차 수렴해 가고 있습니다. 그래서 민주주의 사회에서 우리가 합의를 이루어 나가기 위해서는 필수적으로 거쳐야 하는 절차가 있습니다. 첫째로 정확한 사실, 사실에 관한 정보를 공유할 것, 반드시 정확한 사실을 근거로 할 것, 두 번째로 공정하게 토론의 기회를 줄 것. 토론해야 합니다.

토론하고도 결론이 안 날 수가 있지만 그리고 나서는 제3의 사람들을 포함한 여러 사람들이 충분한 토론에 참여한 사람들로서 마지막에는 표결하는 것입니다. 공론조사라는 방법도 더러 쓰고 있습니다만, 표결하는 것입니다. 이 규칙을 우리가 존중해 가는 것입니다. 틀렸을 때에는 몇 년 뒤에 다시 바꾸는 것입니다. 얼마든지 다시 바꿀 수 있게 되어 있죠. 민주주의 사회에서 견제의 매커니즘 중에 가장 중요한 것은 임기입니다. 선거를 다시 한다는 것이죠. 그래서 다시 고쳐갈 수 있고, 이 작동이 제대로 되느냐 안 되느냐 하는 것이 그 나라 언론, 소위 사회적 재산으로서, 공공의 자산으로서 언론의 역할입니다. 이것이 떨어지면 그 사회는 통합할 수 없고, 앞으로 나아갈 수 없습니다. 저는 그 말씀을 드리고 싶은 것입니다.

그리고 앞서서 말씀드렸습니다만 또 하나, 언론은 커다란 권력입니다. 이것은 사실입니다. 영국의 토니블레어 총리가 10년 임기를 끝내고 나와서 어떤 언론사가 운영하는 연구소에 가서 '지금까지 다 알지만 그러나 정치를 하는 사람이나 공공에 자기 얼굴을 내는 사람은 그 누구도 차마, 감히 말하지 못했던 진실 하나를 저는 오늘 이 자리에서 감히 얘기하려고 합니다' 그렇게 얘기해 놓고 '언론이 선정적으로 쓴다, 책임 없이 쓴다' 이 말을 했습니다. 근데 그 분의 얘기 속에서 언론이 권력을 행사한다는 점에 대해서는 별 고민이 없었던 것 같습니다. 언론이 권력을 가지고 있습니다. 그래서 저는 김영삼 대통령도 막판에 자기를 좋아하는 언론에 버림을 받았다고 생각합니다. 김대중 대통령에 대해서 그런 언론은 처음부터 별로였고, 어떻든 그렇게 이젠 타협하기 어려운 갈등 관계를 저한테 넘겨줬습니다.

저는 소신대로 특권을 인정하지 않고 소위 개혁을 하려고 했고, 서로 공생 관계를 완전히 청산하려고 했는데 그렇게 되니까 옛날에는 편을 갈라서 싸우던 언론이 저한테 대해서는 전체가 다 적이 돼버렸어요. 매우 중요한 얘기입니다. 저를 그래도 편들어 주던 소위 진보적 언론이라고 하는 언론도 일색으로 저를 공격하는 것이죠. 그리고 그게 지금 이 싸움이고요.

그래서 요즘 깜도 안 되는 의혹이 많이 춤을 추고 있습니다. 과오는 부풀리고, 그런 것이지요. 우리 사회에 미래가 있으려면 정확하고 공정하게 이루어지는 정론의 장이 있어야 되고, 거기에 있는 모든 사람들이 책임을 다 할 줄 알아야 합니다. 선진국 정도로 가면 되느냐, 저는 그렇게 생각하지 않습니다. 선진국이라고 되는 것이 아닙니다. 민주주의는 기본적으로 국민이 선택하는 정치입니다. 국민이 선택할 때 어떤 정책이나 사람, 이 선택과 자기의 이해관계, 그것도 1차적으로 생각하는 이해관계의 인과 관계를 이해할 수 있어야 합니다.

감세론이 있지요. 세금을 깎았을 때 내 위치에 있는 사람이 어떤 프로세스, 어떤 인과 관계를 통해서 나에게 어떤 손해가 오고, 어떤 이익이 올 것이라는 점에 대한 정확한 인식이 있어야 됩니다. 그래야 선택다운 선택이 될 수 있습니다. 굉장히 복잡하지만 이것들을 우리가 추구해 나가야 합니다. FTA가 실질적으로 나와 나의 가족, 그리고 현재와 미래에서 어떤 이익이 가져다 줄 것인가에 대해서 이 인과관계를 정확하게 이해해야만 FTA에 대해 표결하는 사람들이 정확한 표결을 할 수 있습니다. 같은 맥락에서 언론과 노무현 정권이 지금 갈등을 일으키고 있는데 이것이 우리에게 가져다주는 의미가 뭐냐, 나중에 우리의 이해관계에 어떻게 결부될 것이냐 하는 데 대한 이해가 있어야 하는 것입니다.

오늘 의사 집단이 성분명 처방을 반대하는 집단 휴업을 했습니다. 그런데 아직 좀 빠르지 않느냐는 것이죠. 시범사업하자고 했거든요. 이론적 논쟁, 논리적 검증만으로는 검증이 어려우니까 실제로 시범해 보고 나타나는 결과를 가지고 할 것인가, 안 할 것인가를 최종적으로 결정하는 토론이 아직 남아 있습니다. 현실적 검증을, 시뮬레이션 자체를 거절하는 것은 토론하는 자세가 아닙니다. 이런 사회에서는 국민들이, 소비자들이 그것이 나하고 어떤 이해관계가 있는지 모르잖아요. 누가 말해 줍니까? 제가 말해주고 싶은데 제 말이 전달이 안 됩니다. 비전 2030이 우리 국민들에게 어떤 의미가 있는지에 대해서 전달해 주는 사람이 없었던 것 같습니다. 그래서 저희도 가지고 있는 매체가 있습니다. 〈국정브리핑〉, 〈청와대브리핑〉, 열심히 하는데 많이 안 본데요. 재미가 없나 봅니다. 그러나 이전에 없던 무기입니다. 그나마 그거라도 있으니까 마구 거짓말 쓰는 사람이 얼마나 가슴 찔리겠습니까? 저는 양심과 용기, 그것이 우리의 미래라고 생각합니다.

그래서 이 복잡한 인과관계를 누가 이해할 것인가. 저는 언론이 도와줘야 한다고 생각합니다. 정부정책을 잘 선전해 달라는 뜻은 결코 아닙니다. 그 하나하나가 갖는 이해관계, 아프간 문제에 관해서도 그렇습니다. 국민의 생명이라는 소중한 가치와 국가 위신이라고 하는 가치가 충돌합니다. 과연 오늘날 테러집단과는 대화조차 하지 않는다는 것이 절대적으로 옳은 판단인지는 저는 아직 단언하지 못합니다만 그러나 세계적 대세는 그렇게 돌아가고 있으니까 국가의 위신이라는 것은 대세를 거역했을 때 생기는 현실적 위신을 말하는 것이지 도덕적 의미에 있어서의 판단을 말하는 것은 아닙니다. 도덕적 의미에서 국가 위신이 아니라 현실적 의미에서 전 세계의 대세를 거역했을 때 느끼는 외교상의 부담이 있는 것입니다. 이 때문에 우리가 문제를 해결해 가는 과정에서 내부적으로 엄청나게 많은 토론과 갈등을 겪어 나왔던 것입니다.

겉으로 보기엔 조용했지만 이 안엔 아주 많은 그런 인식 차를 조율하면서, 최종적으로 그 결판을 내라고 대통령을 뽑아준 거니까 대통령이 결정을 내리면서 여기까지 왔습니다. 이젠 일이 지났으니까 새로이 복귀하면서 '이런 점도 있다, 저런 점도 있다' 어떤 평가든 좋습니다만 그러나 '선택 가능한 대안이 무엇인가' 하는 것을 항상 전제로 하고 균형 있게 얘기해 주면 좋겠는데 요즘 분위기로 봐서는 이것도 일방적으로 비판한다는 쪽으로 가지 않을까 저는 그렇게 우려하고 있습니다.

저는 그래서 정치에서 일어나는 일뿐만이 아니라 세상에서 일어나고 있는 모든 문제에 대해서 적어도 나와의 관계에서 중요한 문제에 대해선 이해관계에 대한 인과관계를 알게 해주자. 그것은 사실과 정론과 토론이다, 다시 거듭 반복해서 말씀드립니다. 이런 모두를 다 이해할 수 없기 때문에 죽 들어가 보면 하나 법칙이 나옵니다. 인과관계를 따라가고 따라가고 따라가 보면 마지막에 초등학교 때나 중등학교 때 배웠던 도덕적 명제와 일치하는 점을 굉장히 많이 만납니다. 정직해라. 왜 정직해야 되는가. 정직해야지만 궁극적으로 공동체가 건강하게 유지될 수 있고 그 안에서 나도 최대한의 행복을 누릴 수 있다는 그 공식이, 분석해서 설명하면 몇 시간이 걸려 설명을 해야겠지만 그러나 우리는 초등학교 때 그냥 딱 한마디로 정직해라 이렇게 배웠듯이 도덕적 명제를 가지고 가야 됩니다.

요즘 정치 한번 보십시오. 가관입니다. 그렇잖아요? 김영삼 대통령의 3당합당을 틀린 것이라고 그렇게 비난하던 사람들이 요즘은 그쪽에서 나와 가지고 이쪽 당으로-(저에게는) 우리당 없습니다. 범여권에서 하니까 나와 가까운가 생각되는데-범여권으로 넘어온 사람한테 가서 줄서 가지고 부채질하느라고 아주 바빠요. 왜 YS는 건너가면 안 되고 그 사람은 건너와도 괜찮냐, 이거죠. 사회가 대단히 발전한 것 같지만 아직 초보적인 문제를 해결하지 못하고 있는 것입니다. 우리나라의 정치에서 민주주의가 이만큼 왔다고 절대 말하지 마십시오. 우리가 이 많은 문제에 대해서 아직까지 양보와 타협을 해나갈 수 있는 수준이 안 되고 보다 더 가까이 그 진실을 명석하게 하는 그런 토론도 잘 이루어지지 않는 사회이고, 주먹부터 먼저 내미는 사회지 않습니까?

정치에서 무슨 원칙이 있습니까? 오늘의 언론에서 무슨 대의가 있습니까?

오늘 제가 이렇게 복잡한 말씀을 드렸는데 이 복잡한 얘기는, 기자들은 쓸 수가 없습니다. 복잡한 인과관계라든지 이런 것들을 기자들은 쓸 수가 없습니다. 그야말로 PD라야 이 긴 얘기를 담아 낼 수 있습니다. 그래서 우리 사회가 앞으로 어디로 가야 하는가 하는 과제는 여러분의 손에 크게 달려 있다고 생각하는 것입니다. 가야 할 방향에 대해서 오늘도 많은 서로 다른 의견들이 있지만 이 수준을 높이 끌어올리는 것은 여러분들의 몫입니다.

기자협회장도 와 계시지만 앞으로 기자들 오라면 이제는 안 갑니다. (일동웃음) 안가고 PD가 오라고 하면 갑니다. 행세하지 않지만, 이익을 취하진 않지만 여러분에게는 권력이 있습니다.

저에게도 권력이 있습니다. 제가 검찰도 내 손아귀에서 움직이지 않고, 부당한 명령 하나 받을 검찰이 없고 모든 권력을 손에서 놨지만 그러나 그동안의 이전 정권들이 풀지 못했던 많은 문제들, 다 해결 했습니다. 엄청난 갈등 과제들도 다 해결했습니다. 얼마나 자신만만하면 기자 집단하고 맞서겠습니까? 권력이라는 것은 행세하는 것만이 권력이 아니라 진정으로 우리가 필요한 것을 이루어 나가는 영향력과 힘, 그것이 권력 아니겠습니까? 지금전 언론사들이 무슨 성명내고 국제언론인협회(IPI)까지 동원하고 난리를 부리는데 아무리 난리를 부려도 제 임기까지 가는데 아무 지장 없을 것입니다. 요것만 (나올지 모르겠네.) (일동 웃음)

그래서 여러분들 권력은 크게 표가 나지 않더라도 권력은 권력입니다. 잃어버린 10년이라고 합니다. 김대중 5년, 노무현 5년이 우리의 기회를 다 잃어버렸다는 것이죠. 잃어버렸습니까? 뭘 잃어버렸습니까? 97년에 여러분이 가지고 있었던 것이 뭐죠? 98년에 여러분이 가지고 있었던 것은 뭐죠? 여러분을 덮쳐눌렀던 98년의 상황은 뭡니까? 왜 왔죠? 독재가 만들어 놓은 부작용들입니다. 독재는 우리에게 사회적 불균형이라는 커다란 부담을 넘겨줬잖습니까. 그래서 통합하기 어려운 사회를 만들어 놨고, 부글부글 끓는 사회를 만들어 놓은 것이죠. 불신사회를 만들어

났지 않습니까. 돈은 얼마 좀 천천히 벌면 어떻습니까. 불신으로 사회를 붕괴시켜 놓았습니다. 권력이 불신 받는 사회가 됐습니다. 아무도 신뢰받는 데가 없습니다. 불신사회를 만들어 놓고 대화가 안 되는 사회를 만들어 놨지 않습니까. 죽기 살기로 싸운 사람들의 경력이 있으니까 어렵지요.

이렇게 말하는 저 또한 그럴 수가 있습니다. 저 또한 타협하는 데 부적절한 사람일지 모릅니다. 내가 대통령 후보 나가 있는 누구보고 '아마 당신은 그것은 나보다 훨씬 잘 할 것이요. 사람들을 포섭하고 남의 얘기를 진지하게 귀 기울여 듣고 그것만이 아니고 다 잘하지만 확실하게 그 점에 있어서 나보다 있을 것'이라고 얘기를 했는데 저도 각박한 사람이 됐지요. 본시 그랬는지 모르겠는데 시대의 영향도 있을 것입니다. 이 많은 숙제들을 잔뜩 넘겨줘 놓고 자기들은 잘했다면서 잃어버린 10년이라고 하니까요. 그때와 비교해보자. 그래서 지표로 말합시다, 자료를 내놓았습니다. 10년 전과 비교하자는 것이죠.

한마디 더 하면, 자기들이 했으면 어떻게 했겠습니까. 이건 언론 책임 아닙니다. 그런데 받아만 쓰니까 열 받아서 그러는 것이죠. 그것이 진실인가, 한번 찾아볼 일 아닙니까? 무슨 무슨 의혹이 있다 그러는데 '카더라'만 방송했지 서로 싸우고 있는 진실이 어느 것인지는 아마 역량이 없어 못 들어가 보는 모양인데, 추구하지를 않습니다. 대개 일부 언론들은 빨리 덮어라 덮어라 하고 있는 것 같지요. 저희는 일개 공기업 사장 한사람 하는데도 옛날에 음주운전 했다고 자르고 뭐 했다고 자르고, 안 자르고는 견딜 방법이 없어서 잘랐습니다. 제가 무슨 천하에 투명하고 깨끗한 사람이 아니고, 저 혼자 깨끗해서 자른 사람이 아니고 통과가 안 됩니다. 음주운전 하나만 있어도, 옛날에 부동산 상가 하나만 있어도 그리고 무슨 위장전입 한 건만 있어도 도저히 장관이 안 돼요. 그런데 이런 문제들에 대해서 요즘 언론들은 팔짱끼고 앉아서 또 싸움나면 중계방송 하겠죠. 이런 수준을 우리가 넘어가지 않으면 절대로 민주주의 못갑니다.

저는 여기 와서 여러분께 간곡히 제가 희망을 건다는 말씀을 드립니다. 잘 부탁합니다. 저를 위해서가 아니고 여러분을 위해서, 그리고 아이들을 위해서. 20년 전 여러분들이 부끄러움을 가지고, 사명감을 가지고 뭉쳤었을 때 그때 심정으로 다시 돌아가 보길 바랍니다. 모든 문제가 해결된 것처럼 보이지만 그렇지 않습니다. 많은 문제들이 아직 남아 있고 지배와 소외의 문제는 끊임없이 반복될 수 있는 문제입니다. 지금도 잘 사는 집 아이와 그렇지 않은 집, 지방 사람과 서울 사람들 사이에 아이들의 학력 격차가 점점 더 벌어지고 있는 이 상황이 정상이라고 말할 수 있겠습니까. 물론 제가 5년 동안 그 문제 해결 못해서 송구스럽습니다만, 우리가 그 때만 눈을 부릅떠야 할 사명이 있는 것이 아니라, 지금 이 시기에도 우리가 또 다짐하고 다짐해야 할 많은 사명들이 있습니다. 모두가 성공할 수 있다는 믿음을 가지고 아이를 낳을 수 있는 사회를 위해서 말입니다.

주권자의 참여가
민주주의의 수준을 결정한다

6·10민주항쟁 20주년 기념사(2007년 6월 10일)

존경하는 국민 여러분,

정말 감회가 새롭습니다. 그날의 기억이 아직도 생생한데 벌써 20년이 흘렀습니다. 4·13호헌조치는 서슬이 시퍼랬습니다. 그러나 국민의 소망은 간절했고 분노는 뜨거웠습니다. 마침내 두려움을 떨치고 일어났습니다. 그리고 군사독재를 무너뜨렸습니다.

국민이 승리한 것입니다. 정의가 승리하고, 민주주의가 승리한 것입니다. 참으로 감격스러운 역사가 아닐 수 없습니다.

그러나 수많은 사람들이 땀과 피를 흘리고, 목숨까지 바쳤습니다. 이 자랑스러운 역사를 위해 목숨을 바치신 분들의 고귀한 희생에 경의를 표하며 삼가 명복을 빕니다. 항쟁을 이끌어 주신 항쟁 지도부, 하나가 되어 승리의 역사를 이룩하신 국민 여러분께 깊은 존경을 표합니다.

국민 여러분,

6·10민주항쟁은 특별히 기억에 새겨 두어야 할 의미가 있는 역사입니다. 6·10민주항쟁은 국민이 승리한 역사입니다. 그동안 우리 역사에는 자랑스러운 역사로 기록할 만한 많은 투쟁이 있었고, 오늘날 우리는 이들을 엄숙하게 기념하고 있지만, 안타깝게도 아무런 주저함 없이 승리한 투쟁으로 말할 만한 역사를 찾기는 어려운 것이 사실입니다.

그러나 6월항쟁은 승리했습니다. 항쟁 이후 20년간 우리는 군사독재의 뿌리를 완전히 끊어 내고 민주주의를 꾸준히 발전시킴으로써 6월항쟁을 승리한 역사로 주저없이 말할 수 있게 되었습니다. 승리한 역사는 소중한 것입니다. 국민에게 자신감을 심어 주고, 그 위에 새로운 역사를 지어 갈 수 있기 때문입니다.

6월항쟁은 자연발생적인 항쟁이 아니라 잘 조직되고 체계화된 국민적 투쟁이었습니다. 항쟁의 지도부는 잘 조직되어 있었고, 각계의 지도자들이 두루 참여하여 국민들에게 신뢰를 주었습니다. 그리고 지향하는 가치와 목표를 뚜렷이 제시함으로써 국민 모두가 참여하는 대중적 투쟁을 이끌어 냈습니다. 그리고 승리했습니다. 잘 조직된 국민의 의지와 역량이 역사의 진보를 이루어 낸 것입니다.

6월항쟁은 가치와 목표를 더욱 뚜렷하게 제시하여 국민을 통합하고, 잘 조직하면 더 큰 역사의 진보를 이루어 낼 수 있다는 믿음의 근거가 될 것입니다.

6월항쟁의 승리는 축적된 역사의 결실입니다. 우리 국민은 오랫동안 많은 항쟁의 역사를 축적하여 왔습니다. 부패하고 무능한 전제왕권의 학정에 맞섰던 민생·민권 투쟁, 일본 제국주의 압제에 맞섰던 수많은 민족독립 투쟁, 그리고 군사 독재에 맞선 꾸준한 민주주의 투쟁들이 그것입니다. 우리 국민은 수많은 좌절을 통하여 가슴에 민주주의의 가치와 신념을 키우고, 그리고 역량을 축적하여 왔습니다.

의미 있는 좌절은 단지 좌절이 아니라 더 큰 진보를 위한 소중한 축적이 되는 것입니다. 우리는 6월항쟁의 승리를 보고 일시적인 좌절을 두려워하지 않는 지혜, 당장의 성공에 급급하여 대의를 버리지 않는 지혜를 배워야 할 것입니다.

존경하는 국민 여러분,

6월항쟁은 그 역사적 의미로만 소중한 것이 아니라 국가 발전의 획기적인 전기를 마련하였다는 점에서도 큰 의미가 있습니다.

1987년 이후 우리 경제는 개발 연대의 요소투입형 경제를 넘어서 지식기반 경제, 혁신 주도형 경제로 전환하고, 세계와 경쟁하여 당당하게 성공하고 있습니다. 국민총생산은 1987년 세계 19위에서 2005년 12위로 상승하였습니다. 같은 기간 동안 1인당 국민소득은 63위에서 48위로 상승하였습니다. OECD 국가 중에는 24위입니다. 그 밖에도 많은 경제지표는 우리 경제가 1987년 이후 장족의 발전을 하였다는 사실을 증명해 주고 있습니다. 관치경제, 관치금융을 청산하여 완전한 시장경제를 실현하고, 투명하고 공정한 시장을 만들어 그 위에서 다양성을 존중하고, 자유와 창의로 경쟁할 수 있게 된 결과입니다.

6·10 항쟁의 승리와 정권 교체, 그리고 지난 20년간 꾸준히 이어진 청산과 개혁이 없었더라면 이룰 수 없는 성과를 이루어 낸 것입니다.

1997년 경제 위기 때문에 많은 지체가 있었습니다. 아직도 그 당시의 지표를 회복하지 못한 항목이 많이 있습니다. 1997년 경제 위기는 관치경제, 관치금융, 법치가 아닌 권력의 자의적 통치라는 독재 시대의 낡은 체제를 신속히 개혁하고 정비하지 못했기 때문에 생긴 것입니다. 완전한 정권 교체로 완전한 민주정부가 들어서서 신속하고 철저한 개혁으로 극복한 것입니다.

그럼에도 1997년 이후의 우리 경제의 지체를 빌미로 민주세력의 무능을 말하는 사람들이 있습니다. 참으로 양심이 없는 사람들의 염치없는 중상모략이 아닐 수 없습니다.

민주주의와 인권의 신장에 관하여는 군이 설명이 필요 없을 것입니다. 저는 해외에 나가서 우리 한국이 단지 경제에만 성공한 나라가 아니라 민주주의에도 성공한 나라라는 말을 수없이 들었습니다. 그리고 민주주의 정통성을 가진 지도자가 국제사회에서 제대로 대우받고 나라의 위상도 높인다는 사실도 실감하고 있습니다. 다시 한 번 민주주의를 위해 헌신해 오신 모든 분들께 깊은 존경과 감사의 말씀을 드립니다.

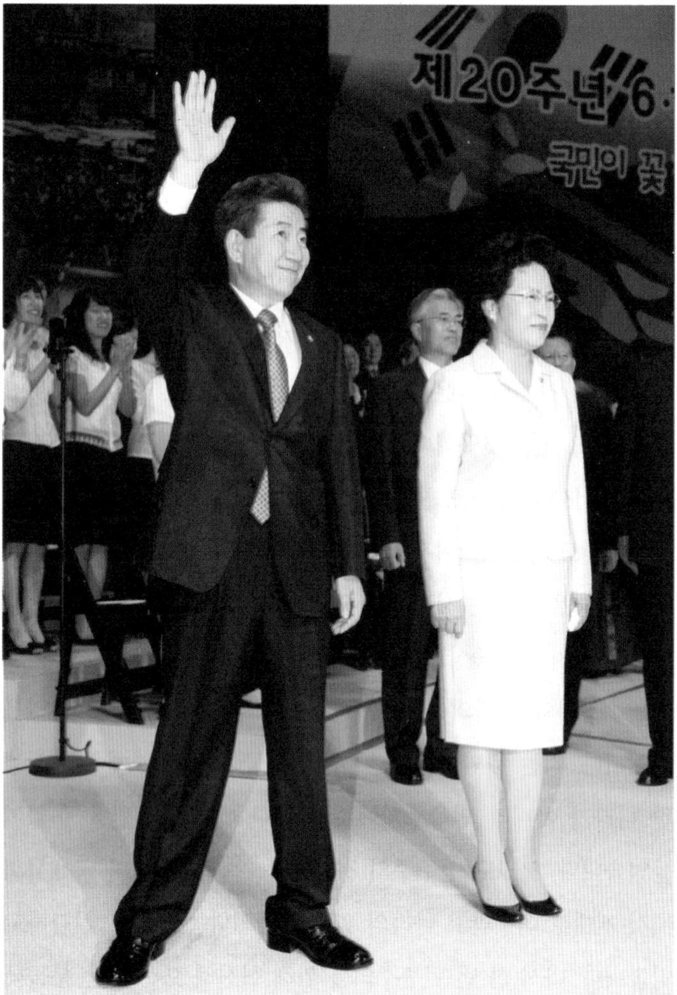
제20주년 6
국민이

국민 여러분,

그러나 6월항쟁은 아직 절반의 승리를 넘어서지 못하고 있습니다. 6월항쟁의 정신을 활짝 꽃피우고 결실을 맺지 못했기 때문입니다.

지난 20년 동안 우리는 정권 교체를 이루고, 특권과 유착, 권위주의와 부정부패를 청산하고, 투명하고 공정한 사회를 만들어가고 있습니다. 뒤늦기는 하지만 친일 잔재의 청산과 과거사 정리도 착실히 해 나가고 있습니다. 제도의 측면에 있어서는 독재체제의 청산과 민주주의 개혁에 상당한 성과를 거두고 있다고 말 할 수 있을 것입니다.

그러나 아직 반민주 악법의 개혁은 미완의 상태에 머물러 있습니다. 지난날의 기득권 세력들은 수구언론과 결탁하여 끊임없이 개혁을 반대하고, 진보를 가로 막고 있습니다. 심지어는 국민으로부터 정통성을 부여받은 민주정부를 친북 좌파정권으로 매도하고, 무능보다는 부패가 낫다는 망언까지 서슴지 않음으로써 지난날의 안보독재와 부패세력의 본색을 공공연히 드러내고 있습니다. 나아가서는 민주세력 무능론까지 들고 나와 민주적 가치와 정책이 아니라 지난날 개발독재의 후광을 빌려 정권을 잡겠다고 하고 있습니다.

지난날 독재권력의 앞잡이가 되어 국민의 눈과 귀를 가리고 민주시민을 폭도로 매도해 왔던 수구언론들은 그들 스스로 권력으로 등장하여 민주세력을 흔들고 수구의 가치를 수호하는 데 앞장서고 있습니다. 저는 그들 중에 누구도 국민 앞에 지난날의 과오를 반성했다는 말을 듣지 못했습니다. 군사독재의 잔재들은 아직도 건재하여 역사를 되돌리려 하고 있고, 민주세력은 패배주의의 늪에 빠져 우왕좌왕하고 있습니다.

이런 사정으로 아직 우리 누구도 6월항쟁을 혁명이라고 이름 붙일 엄두를 내지 못하고 있습니다. 이 모양이 된 것은 6월항쟁 이후 지배세력의 교체도, 정치적 주도권의 교체도 확실하게 하지 못했기 때문입니다. 민주세력의 분열과 그에 이어진 기회주의 때문입니다.

1987년의 패배, 1990년 3당 합당은 우리 민주세력에게 참으로 뼈아픈 상실이 아닐 수 없습니다. 지역주의와 기회주의 때문에 우리는 정권 교체의 기회를 놓쳐 버렸고, 수구세력이 다시 뭉치고 일어날 기회를 준 것입니다. 그중에서도 가장 뼈아픈 상실은 군사독재와 결탁했던 수구언론이 오늘 그들 세력을 대변하는 막강한 권력으로 다시 등장할 수 있는 기회를 허용한 것입니다.

분열과 기회주의가 6월항쟁의 승리를 절반으로 깎아내린 것입니다. 그래서 우리는 나머지 절반의 승리를 완수해야 할 역사의 부채를 아직 벗지 못하고 있는 것입니다.

국민 여러분,

우리 앞에 놓인 과제는 자명합니다. 나머지 절반의 책임을 다하는 것입니다. 그것은 민주주의를 제대로 하는 것입니다.

반독재 민주화 투쟁의 시대는 끝이 났습니다. 새삼 수구세력의 정통성을 문제 삼을 수는 없습니다. 민주적 경쟁의 상대로 인정하고 정정당당하게 경쟁할 수밖에 없습니다. 그렇게 하여 대화와 타협, 승복의 민주주의를 발전시켜 나가야 합니다.

이를 위해서는 1987년 이후 숙제로 남아 있는 지역주의 정치, 기회주의 정치를 청산해야 합니다. 수구세력에게 이겨야 한다는 명분으로 다시 지역주의를 부활시켜서는 안 될 것입니다. 기회주의를 용납해서도 안 될 것입니다.

이와 함께 눈앞의 정치에 급급할 것이 아니라 후진적인 정치제도도 고쳐서 선진 민주제도를 만들어야 합니다. 대통령 단임제와 일반적으로 선거운동을 금지하고 대통령에 대한 정치적 중립을 요구하는 선거법, 당정분리와 같은 제도는 고쳐야 합니다. 여소야대가 더 좋다는 견제론, 연합을 야합으로 몰아붙이는 인식도 이제는 바꾸어야 합니다. 그래야 우리도 선진국다운 정치를 할 수 있습니다.

언론도 달라져야 합니다. 더 이상 특권을 주장하고 스스로 정치권력이 되려고 해서는 안 됩니다. 사실에 충실하고, 공정하고 책임 있는 언론이 되어야 합니다. 한국의 민주주의는 언론의 수준만큼 발전할 것입니다. 이것이 마지막 남은 개혁의 과제라고 생각됩니다.

주권자의 참여가 민주주의의 수준을 결정할 것입니다. 정치적 선택에 능동적으로 참여해서 주권을 행사하는 시민, 지도자를 만들고 이끌어 가는 시민, 나아가 스스로 지도자가 되고자 하는 창조적이고 능동적인 시민이 우리 민주주의의 미래입니다.

저는 우리 국민의 역량을 믿습니다. 마음만 먹으면 못 해낼 것이 없는 우리 국민입니다. 20년 전 6월의 거리에서 하나가 되었던 것처럼 이제 우리의 민주주의를 완성하는 데 함께 힘을 모아 나갑시다. 지역주의와 기회주의를 청산하고 명실상부한 민주국가, 명실상부한 국민주권 시대를 열어 갑시다.

감사합니다.

21세기 한국, 어디로 가야 하나?

참여정부 평가포럼 강연(2007년 6월 2일)

여러분 감사합니다. 여러분은 참여정부를 만들어 주신 분들입니다. 그리고 이후에 참여정부에 참여해 주신 분들입니다. 그러지 않고도 뒤늦게 참여정부를 지지해서 오신 분들이 있는지는 모르겠습니다만 아마 적을 것입니다. 제가 여러분을 만나면 가슴이 자꾸 벅차오릅니다. 그래서 손짓 발짓도 크게 하고 목소리도 크게 하게 되는데 나중에 TV 화면에서 그 모습을 보면 조금 민망스러울 때가 있습니다. 며칠을 쓰고 어젯밤 12시까지 쓰고 다시 조금 전 12시 10분까지 썼습니다. 차분하게 말씀드리고 싶어서 썼습니다.

여러분, 왜 모였습니까? 자신을 사랑할 줄 아는 사람은 세상을 사랑합니다. 세상을 사랑하는 사람들은 불의에 대해 분노할 줄 알고 저항합니다. 세상 돌아가는 이치를 탐구해서 좋은 세상을 만들기 위한 방도를 찾고 뜻을 세우고 이를 실행하기 위해서 행동합니다. 사람을 모으고 설득하고 조직하고 권력과 싸우고 권력을 잡고 그리고 이렇게 정책을 실행하는 것입니다. 여러분은 보다 나은 세상을 위해서, 보다 좋은 세상을 위해서 참여정부를 만들었습니다.

그런데 참여정부가 그동안 많이 흔들렸습니다. 지금도 흔들리고 있습니다. 끊임없이 참여정부를 흔들고 깎아내리는 사람이, 언론이 있습니다. 여론이 또 그런 언론을 따라갑니다. 참여정부에 참여했던 사람들 중에도 여기에 동조하는 사람들이 있습니다. 그러니까 흔들리는 것이지요. 정말 참여정부가 실패했는가, 과연 무능한 정부인가, 정말 한번 따져 보고 싶습니다. 설사 실패라는 평가가 나오더라도 남은 기간 동안 참여정부의 성공을 위해서 최선을 다할 생각입니다. 여러분도 함께 도와주시면 고맙겠습니다.

성공 여부를 떠나서 살려 나갈 만한 가치가 있고 전략이 있다면 이것을 실현하기 위해서 우리 계속 노력합시다. 가치와 전략에 깊이가 있고 체계가 정연해서 능히 좋은 세상을 만드는 데 쓸 만한 이치가 된다면 저는 이것을 사상이라고 부를 수 있다고 생각합니다. 사상을 가진 사람은 역사에 가치와 전략의 뿌리를 내리게 하려고 노력합니다. 참여정부에 그만한 가치와 전략이 있다면 역사에 뿌리를 내리도록 노력해야 할 것입니다.

저는 5년 동안 어느 정부라도 실천해야 할 국가의 운영이라는 보편적 사명과 참여정부가 특별히 구현해야 할 가치를 실현할 사명을 받고 대통령직을 수행해 왔습니다. 이제 마무리할 시점입니다. 저는 국정운영이라는 보편적 사명은 다음 정부에 넘길 것입니다. 참여정부가 실현하고자 했던 특별한 사명은 이제 여러분에게 도로 넘겨드리려고 합니다. 함께 힘을 모아 나갑시다. 물론 저도 함께할 것입니다. 더 좋은 세상을 위해서, 더 훌륭한 역사를 위해서 계속 노력할 것입니다.

경제 얘기를 하겠습니다. 제일 시비가 많은 분야이지요. 지난 4년 내내 위기·파탄·실패란 말로 흔들었습니다. 제 대답은 '증거로 말합시다' '지표로 말합시다'입니다. 오늘 여러분이 〈있는 그대로 대한민국〉이라는 책자를 보셨을 것입니다. 지표를 모은 책입니다. 보니까, 올라가야 할 것은 다 올라가고 내려가야 할 것은 다 내려가고 있습니다. 그 사람들이 그렇게 흔들었던 부동산도 이제 안정될 것 같습니다. 기초체력이 강해지고 경쟁력도 높아지고 있다고 저는 판단합니다. 2003년의 위기를 극복하고 유가 상승, 환율 하락을 흡수하면서 거둔 성과라서 자랑할 만하다고 생각합니다.

우리 경제가 앞으로도 잘 갈 것인가, 저는 잘 갈 것이라고 생각합니다. 멀리 보면 보입니다. 지금까지 경제가 이만큼이라도 살아난 것은 참여정부 정책이 원칙에 충실했던 결과라고 생각합니다. 접대비 50만 원 신고, 성매매특별법, 부동산 정책 등 이런 정책 하나하나에 저항이 만만치 않았습니다. 경제가 어려울 때 단 한 푼이라도 경기에 부담을 주는 일은 하지 말아야 한다는 주장이 있었습니다. 참여정부는 그러나 원칙을 붙들고 바위처럼 버티었습니다. 지금 그 분야는 진일보하지 않았습니까?

저는 참여정부의 전략이 적절하고 충실하기 때문에 앞으로도 잘 갈 것이라고 생각합니다. 제목만 몇 가지 말씀드리겠습니다. 산업정책을 보면 성장동력산업과 부품소재 육성, 금융·물류·비즈니스 허브 전략, 서비스산업과 중소기업 육성, 환경·보건·문화·교육의 산업적 육성 등이 있습니다. 종합적인 국가발전전략으로서 혁신 주도형 경제, 과학기술 혁신, 경영 혁신, 교육 혁신, 정부 혁신과 인적 자원 육성, 투명하고 공정한 시장, 능동적 개방과 FTA, 해외투자, 노사안정, 동반 성장, 균형발전, 사회투자, 민주주의, 평화와 안보, 이 모든 것을 '비전 2030'에 담았습니다. 지속가능한 성장전략으로 체계화했습니다. 구체성이 없다, 재원 조달 계획이 없다고 말하는 사람들이 있는데, 보지도 않고 하는 얘기입니다.

비전 2030은 그 자체가 중장기 재정계획입니다. 재정계획을 보고 재원 조달 대책이 없다고 말하는 사람은 그 자료를 안 봤다는 말입니다.

참여정부가 계속 간다고 가정하면 우리 경제에 대해서 장담할 수 있습니다. 정권이 바뀌면 어떻게 될까. 그것은 제가 장담할 수 없습니다. 다만 저는 우리 국민의 역량을 믿습니다. 시원치 않은 정권이 우물쭈물해도 큰 위기만 오지 않으면 우리 경제는 잘 꾸려 갈 것입니다.

참여정부는 어떤 위기도 다음 정부에 넘기지 않습니다. 어떤 부담도 다음 정부에 넘기지 않습니다. 경제 파탄, 경제 실패를 말하는 사람들에게 물어보고 싶습니다. 어느 정부와 비교해서 실패라는 얘기입니까? 어느 나라와 비교해서 한국경제가 실패라는 얘기입니까? 성장률을 가지고 경제 파탄이라고 얘기하는 사람들이 있습니다. 잘못된 것입니다. 세계적 추세, 다른 나라의 경험 등과 비교해야 합니다. 실제로 성장률이 전부는 아닙니다. 1998년, 2003년 경제위기는 높은 성장률 뒤에 왔습니다. 그래서 높은 성장률이 사고의 원인일 수도 있습니다. 그렇게 주의 깊게 살펴보아야 합니다. 성장률은 보통 그 정부의 성과가 아닙니다. 6공화국 정부의 성장률은 대단히 높았습니다. 문민정부의 성장률도 꽤 높았습니다. 그렇다고 그 두 정부가 경제를 잘했다고 말하는 사람은 제가 보지 못했습니다. 결국 1998년 경제위기는 그때 원인이 축적된 것 아닙니까?

경제정책의 성과가 성장률로 나타나는 데는 오랜 시간이 걸리게 돼 있습니다. 우리가 지금 먹고살고 있는 반도체, 휴대폰, 그밖에 여러 가지 수준 높은 기술들은 우리 정부에서 만든 것이 아닙니다. 지난해 수출 3천억 달러를 초과 달성한 것도 다 이전 정부에서 준비하고 성장시켜 온 것들을 저희 정부에서 열매를 따고 있는 것입니다. 다만 15년 정도 되면 어지간한 과수 나무는 제대로 수익이 있는데, 그것도 망쳐 버릴 수 있습니다. 그해 거름을 잘못 주고, 약도 잘못 치고, 관리를 잘못 하면 그만 낙과해 버릴 수 있습니다. 그러나 관리를 잘하는 것과 성장의 토대를 닦는 것은 구별해서 볼 필요가 있습니다.

그 정부의 정책성과는 주가를 보는 것이 훨씬 정확하다고 생각합니다. 주식의 가격은 정책 자체를 평가하고 미리 예측해서 투자하는 것이기 때문에 대체로 장차 발생할 성과를 앞당겨서 지금 표현하고 있는 것입니다. 지금 경제를 파탄이라고 얘기하고 7% 성장을 공약하는 사람들은 멀쩡하게 살아 있는 경제를 자꾸 살리겠다고 합니다. 걱정스럽습니다. 사실을 오해하고 있으니까 멀쩡한 사람한테 무슨 주사를 놓을지, 무슨 약을 먹일지 불안하지 않습니까? 무리한 부양책을 써서 경제위기를 초래하지 않을까, 좀 불안합니다. 잘 감시합시다.

3만 달러, 4만 달러 공약하는 사람들이 있습니다. 이거 당연한 얘기를 가지고 생색내고 있는 겁니다. 이미 2만 달러 시대로 들어서고 있지 않습니까? 올 연말이 되면 2만 달러 시대로 들어갑니다. 3만 달러를 하든, 5만 달러를 하든, 그거 5년 만에 하는 것 아닙니다. 조금 전에 말씀드렸습니다만, 지금 우리가 수출 잘하고 있는 것은 옛날에 씨앗을 다 뿌리고 가꾸어 놓은 것이고 우리는 관리만 하는 것이지요. 다음의 먹을거리는 우리 정부가 만들어야 합니다. 다음 정부, 그 다음 정부는 그거 따먹게 되는 것이거든요. 그래서 3만 달러, 4만 달러가 되면 그것은 참여정부의 성과다, 이렇게 적어 놓읍시다.

참여정부가 엉망을 만들어 놓으면 3만 달러 못 가거든요. 그렇지 않습니까? 문민정부가 막판에 외환위기를 초래하는 바람에 2만 달러 달성이 더디어졌지 않습니까? 그래서 앞으로 3만 달러, 4만 달러로 가면 그것은 참여정부의 공로입니다. 제가 근거를 한번 대보겠습니다. 연구 결과에 의하면 한·미 FTA가 발효되면 연간 0.6%의 성장효과가 있다고 합니다. 한·EU 간에 무역거래량은 한·미 간 거래량보다 더 많으니까 한·EU FTA를 하고 나면 최소한 0.6% 더 올라가니까 1.2%는 거저 갖고 들어가는 것 아니겠어요? 물론 경제이론을 잘 아시는 분들, 특히 일반 균형이론이나 특수균형이론에 밝은 분들은 제 이야기가 맞지 않다고 설명할 수 있을 것입니다. 사실은 그렇게 되는 것 아닙니다. 아니지만 이것 안 하면 성장이 유지되지 않을 수도 있다는 점을 놓고 보면 맞는 얘기이기도 합니다. 하여튼 1.2% 벌어 놓았습니다.

참여정부는 행정도시, 혁신도시, 기업도시 등의 균형사업을 위해서 2012년까지 기반시설에 56조 원, 지상 건축의 약 45조 원, 합계 101조 원을 투자하도록 계획을 세워 놓았습니다. 청계천 사업비가 3,700억 원, 대운하 사업비가 14조 원이라고 합니다. 정부 계산은 17조 원인데 이명박 후보는 14조 원이라고 한다고 합니다. 17조 원이라고 계산하지요. 페리호 열차 얘기하는 분들도 있는데 이것은 100억 원이면 된다는 분들도 있고 또 1조 원 들어야 한다는 분들도 있지만 어쨌든 다 뭉뚱그려도 균형발전 투자의 5분의 1이 안 됩니다. 그런데 이 균형발전 투자사업이 우리 건설경기 그리고 경제 성장에 좋은 기여를 하지 않겠습니까? 이 공사가 시작됐을 때 혹시 노임이나 자재 파동이 있을까 하는 점을 우려해서 건설 교통부가 대책을 잘 세우고 있습니다. 그런데 여기에 대운하 사업까지 같이 엎어 놓으면 틀림없이 자재 파동 일어납니다.

참여정부의 균형발전 투자는 마지막에 민간투자가 들어오기 때문에 청사 이전비 11조 원만 재정 부담입니다. 나머지는 다 회수되는 것이지요. 물론 대운하도 민자로 한다는데 누가 대운하에 민자 투자하겠습니까? 17조 원이든 14조 원이든 재정 투자를 하면 재정이 큰일납니다. 그렇게 되면 복지 예산을 줄여야 되겠지요? 줄일 데도 없습니다. 세금 내리자는 것 말고는 아무런 전략도 없이 참여정부의 성과를 파탄이니, 실패니 공격하는 것만으로 우리 경제를 세계 일류로 만들 수 없다는 것은 너무나 명백한 진실입니다. 앞으로 토론이 본격화되면 밑천이 드러날 겁니다. 우리 조기숙 교수님, 토론 한번 하고 싶지요? 저도 하고 싶습니다. 그런데 헌법상으로 토론을 못하게 돼 있으니까 단념해야지요. 어디 잘하는 분이 있지 않겠습니까?

참여정부는 경제를 파탄냈다며 경제대통령이 되겠다, 경제를 살리겠다고 하는 사람들에게 제가 물어보고 싶은 얘기가 있습니다. 참여정부의 어느 정책을 폐기할 것인지 확실하게 말해 주시기 바랍니다. 아마 폐기할 수 있는, 폐기해도 좋을 정책이 별로 없을 것입니다. 감세, 작은 정부, 이런 것 말고 다른 정책을 찾기가 정말 쉽지 않을 것입니다. 자꾸 없는 것을 새로 찾으려고 하지 말고 책 많이 써 놓았으니까 그냥 베껴 가십시오. 국가전략을 체계화한 책을 저는 국민의 정부 시절에 처음 읽었습니다. KDI에서 만들어 놓은 것을 읽었습니다. 그런데 이제 우리는 세 권입니다. 또 꽉 있습니다. 우리 언론에게 거듭 거듭 당부드리고 싶습니다. 경제는 심리라고 하지 않습니까? 노무현은 흔들어도 우리 경제는 좀 흔들지 말았으면 좋겠다고 말씀드리고 싶습니다.

위기론, 파탄론 때문에 주식 안 사고 눈치만 보았던 우리 투자자들, 그 때문에 입은 손해를 누구에게 배상받아야 됩니까? 제가 2004년에 주식형 펀드에 가입했습니다. 부동산이 이기나 주식이 이기나 해 보자, 그렇게 말했습니다. 보도자료를 통해 언론에 공개했습니다. 우리 국민들, 제발 좀 부동산 근방에 있지 말고 이쪽으로 오시라고 했는데. 저는 펀드로 이익을 좀 냈습니다. 좀 덜 남더라도 종합부동산세, 양도소득세, 이런 것들이 또박또박 나오면 그것 골치 아픕니다.

민생과 복지, 이것이 제일 어려운 문제입니다. 저는 우선 참여정부가 최선을 다하고 있다는 말씀을 드리고 싶습니다. 2003년은 정말 어려웠습니다. 그동안 고통 받은 분들께 위로의 말씀을 드립니다. 지금도 여전히 어려운 분들에게 정부도 최선을 다하고 있고 또 점차 나아지고 있으니까 참고 함께 노력하자고 말씀드리고 싶습니다.

정부로서는 국민들에게 항상 송구스러운 마음이지만 그래도 두 가지 오해는 풀고 넘어가야 한다고 생각합니다.

참여정부에서 양극화가 심해졌다, 이렇게 말하는 사람들이 있습니다. 저도 그런 줄 알고 전전긍긍했습니다. 그런데 하나하나 지표를 조사해 보니까 그래도 참여정부가 어지간히 노력해서 더 나빠지는 것을 붙들어 놓았다, 이렇게 말씀드릴 수 있겠습니다. 그래서 양극화가 심해졌다, 이것은 사실이 아닙니다. 심해졌든 심해지지 않았든 양극화의 책임이 참여정부에 있다, 좀 구차한 말씀 같지만 경제 현상의 원인과 결과에 관한 인과관계를 이렇게 함부로 단정하는 논리가 너무 쉽게 세상에서 통용되면 앞으로 우리가 정책의 옳고 그름을 판단할 수 없는 사람들이 되어 버립니다. 그래서 항상 올바른 논리로 따질 것은 따지고, 올바르게 인식할 수 있어야 합니다.

지금 가장 어려운 문제는 비정규직 문제, 영세자영업 문제 그리고 일자리의 품질이 점차 양극화되어 가고 있다는 것이지요. 전체적인 지표는 2004년을 정점으로 지금 개선되고 있습니다만, 이런 내막적인 문제에 있어서 하나하나는 더 나빠지는 곳도 있고 또 좀 좋아진 곳도 있고 복잡합니다. 참여정부의 일자리정책은 일자리 수를 늘리고 품위를 높이는 정책입니다. 그리고 복지정책에 최선을 다하고 있습니다.

일자리정책을 잠시 소개해 드리면 중소기업 육성, 서비스 산업, 이전에 없던 새로운 영역으로 사회적 일자리를 발굴하고 늘리기 위해서 집요한 노력을 하고 있습니다. 고급 일자리를 위해서 금융·물류·기업지원서비스 그리고 문화·환경·건강·교육의 산업화를 추진해 오고 있습니다. 다만 환경·건강과 교육의 산업화 문제에 관해서는 우리나라의 복지 근본주의를 주창하는 사람들 때문에 진전이 매우 더딥니다. 공공서비스는 공공서비스 대로 확충하되, 산업적 영역에서 국가 간 경쟁을 할 곳은 해야 하는데 이 부분의 산업적·시장적 원리의 도입을 강력 반대하는 사람들 때문에 좀 지지부진하고 있어서 매우 아쉽게 생각합니다.

복지정책이 매우 중요합니다. 그래서 복지정책은 재원 배분을 개혁하고 정책의 방법과 수단을 정비하고 전달체계를 확충하고, 그 다음 전체적으로 복지정책을 사회투자전략으로 전환하는 종합적인 전략들을 가지고 일을 추진해 왔습니다. 재원 배분에 대해서는 가장 많은 투입을 했다, 가장 많은 성장률을 실현하고 있다, 이렇게 말씀드리고 싶습니다. 참여정부 들어 국가 재정에서 경제투자와 사회투자가 차지하는 비중이 역전됐습니다. 그리고 지방자치 교부금 가운데 복지·환경 쪽의 비중을 매우 높였습니다. 그래서 지방 재정 차원에서도 재원 배분의 큰 전환을 만들어 놓았습니다.

정책에 있어서는 돈을 지급하는 정책도 중요하지만, 서비스를 개발해서 서비스를 확충하는 방향으로 여러 가지 전략을 바꾸었습니다. 그래서 영·유아에서부터 학생, 그리고 여성·노인·장애인 각 영역에서 새로운 서비스를 계속 발굴해 가고 있습니다. 사회적 일자리 발굴사업은 바로 사회적 서비스 제공으로 이어지는 것이지요. 앞으로 군복무 제도를 재편하게 됐을 때 지금보다 훨씬 많은 사회적 서비스를 제공할 수 있을 것입니다.

복지전달체계에 관해서는 사회복지사를 충분하진 않지만 늘렸습니다. 동사무소를 국민의 정부 때부터 복지센터로 한다, 문화센터로 한다, 무슨 자치센터로 한다 하면서 부처 간 옥신각신 싸우는 것을 기어코 이제 끝장을 봤습니다. 이런 것이 간단한 것 같았는데요, 이런 게 어렵다니까요. 한다고 보고받고 다음에 보면 그냥 있어요. 간다 간다 하는데 나중에 퇴근해서 보니까 그냥 있어요. 정리를 했습니다. 그래서 동사무소를 생활지원센터로 만들고 일반 공무원들에게 복지 교육을 시켜서 아주 전문적인 분야는 빼고 복지서비스를 담당하도록 전환시켜 가고 있습니다.

참여정부 들어 가장 중요한 것은 사회투자전략이라고 하는 새로운 전략을 채택하고 정리했다는 것입니다. 기존의 복지 지출은 단순한 소비적 지출이라고 해서 계속 반대가 너무 많았고 경제 성장에 지장을 준다는 이론이 있어 반대가 많았습니다. 그런데 결국 복지 지출을 잘하면, 방법을 바꾸면 지속가능한 경제를 위한 사회투자가 될 수 있다는 개념을 도입하고 우리 복지정책의 내용도 거기에 맞추어서 조정했습니다. 이것을 사회투자전략이라고 이름붙였습니다.

사회투자전략은 지속가능한 성장을 위한 전략입니다. 전략 내용을 보면 인적 자본에 대한 투자를 중시하고, 기회 균등을 보장하고, 그리고 예방적 투자를 하는 겁니다. 잘 교육시키면 생산성은 높아지고 사회적 부담은 줄어드는 것 아니겠습니까? 그런 취지입니다. 그리고 이것을 하자면 경제정책과 사회정책을 통합적으로 보고 통합적으로 운영해야 하는데, 지금 그렇게 하고 있습니다.

그리고 이제 그것과 관계있는 유사한 것으로 사회정책이 있습니다. 이것이 핵심적인 어떤 사상과 전략으로 구체화되어 있는 것이 '비전 2030'입니다. 비전 2030을 참여정부의 경제 부처에서 만들었다는 데 큰 의미가 있습니다. 기획예산처에서 만들었거든요. 청와대에서 만든 것이 아닙니다. 그래서 참여정부의 복지는 이제 경제 부처에서도 적극적으로 계획을 세우고 추동해 나간다는 데 의미가 있습니다.

그 다음 민생과 관련된 것 중 아주 중요한 것은 균형발전정책입니다. 동반성장, 균형발전, 부동산정책, 주거복지, 대학입시 제도, 이 모두가 우리 국민들의 민생에 아주 중요한 요소들입니다. 이점에 관해서도 많은 노력을 하고 있습니다. 민생과 복지는 국민의 정부, 그리고 참여정부의 정체성입니다. 예산과 정책에서 그 이전과 이후가 확연하게 구별됩니다. 그러나 국민의 정부, 참여정부의 복지투자를 가지고는 선진국이 되기에는 아직 까마득합니다. GDP 대비 한국의 공공·사회 지출 내지 복지 지출 비중은 미국과 일본의 2분의 1, 유럽에서 조금 앞선 나라의 3분의 1 수준에 아직 머물러 있습니다.

비전 2030은 참여정부의 가치와 전략입니다. 추상적인 선언

이 아니고 매우 구체적인 재정 계획입니다. 민생과 복지정책은 이후 정부의 성격에 관해서 핵심 쟁점이 될 것입니다. 보수냐 진보냐, 큰 정부냐 작은 정부냐, 감세냐 아니냐, 이런 것이 대통령 선거에서도 가장 핵심적인 쟁점이 되지 않겠습니까?

한나라당의 민생정책을 한번 대강 보면 이렇게 말할 수 있습니다. 선심성 정책은 팍팍 내놓는데, 재원 조달에 관해서는 아무런 방안이 없습니다. 오히려 감세를 주장해서 있는 재원마저 깎아 내리자고 합니다. 부동산과 주택정책을 끊임없이 흔들었습니다. 어느 후보가 종합부동산세, 양도소득세를 들먹여서 다시 부동산정책이 흔들리지나 않을까 걱정스럽습니다. 법 통과할 때엔 찬성해 놓고, 할 때까지 계속 애먹이고, 하고 나면 딴소리 하고 그래요.

균형발전에 관해 얼마 전에 행정수도를 반대했던 사람이, 대통령 후보를 하겠다는 사람이 참여정부의 균형발전정책이 실패했다고 그렇게 어디서 말을 했습디다. 이분은 균형발전 옆에 오면 안 되거든요. 행정수도 반대해서 반 토막 내놓은 사람 아닙니까? 이것마저 해야 되는데 이 양반이 이것 하겠어요?

그건 그렇고 균형발전정책은 아직 법 절차와 계획을 세우고 법 절차의 단계에 서 가고 있습니다. 그것만 해도 논 것이 아니고 엄청나게 많은 문제들을 해결하고 이제 삽을 딱 뜨게 되어 있지 않습니까? 삽도 안 뜬 사업을 놓고 실패라고 먼저 깎아내리는 것은 무슨 심보일까요? 안 되면 좋겠다, 이 말 아니겠습니까? 어떻든 균형발전정책, 여러분 잘 지킵시다. 두 눈 딱 부릅뜨고 지킵시다.

대학 본고사 부활하자고 합니다. 대학 자율이라는 이름으로 포장해서 돈 많은 사람들에게 더 많은 기회를 주자는 주장입니다. 공교육을 망치고 기회 균등의 가치를 흔드는 것입니다. 자꾸만 우리 정부를 좌파 정부, 분배 정부, 작은 정부 해라, 국채가 어떻다, 감세, 계속 이런 주장하는데 결국 이 사람들 주장을 모아 보면 앞으로 그 사람들이 정권 잡으면 복지는 국물도 없다, 바로 이런 뜻입니다.

복지 하면 민주노동당이 있지요. 근데 그분들 지난번 선거 때 부유세 부과를 주장했는데 같은 세금을 내더라도 부유세 하면 내기 싫거든요. 기분이 나쁘거든요. 종합부동산세 내자 하니까 내지 않습니까? 절대로 국회에서 통과 안 될 것만 계속 주장하고, 생색만 내고, 성과는 하나도 없는 그런 정책을 계속 써요. 반재벌, 반 시장주의에 대해서는 강력히 대응하지만 복지나 사회투자라는 측면의 정책을 보면 쓸 만한 정책이 별로 없어요. 투쟁에는 강하지만 창조적인 정책에는 약한 것 같습니다. 사회정책에 대해서는 그렇게 말씀을 드릴 수 있겠습니다.

경제, 사회 두 가지 말씀드렸습니다만, 대개 이쯤에서 종합해서 한 가지 덧붙이면 참여정부는 위기를 잘 관리하고 극복해 온 정부입니다. 〈있는 그대로 대한민국〉을 보시면 1998년, 2003년의 그래프는 급격한 하강 곡선을 그리고 골짜기를 이루고 있습니다. 1998년에 기업 부도가 났고, 2003년에는 가계 부도가 났

습니다. 2003년의 위기가 1998년 위기의 연장선상에 있다는 것을 그래프는 잘 말해줍니다. 1998년도에 나빠졌던 것이 지금까지 시정이 안 되고 있는 많은 지표들이 있지 않습니까? 그렇습니다. 신용불량자, 가계부채, 카드 남발 금융 위기, 중소기업 대출로 인한 금융 위기, 2003년도에는 정말 잠을 편히 잘 수 있는 날이 없었습니다.

아슬아슬하게 해서 다 넘겼고 민생 경제는 2004년부터 이제 회복되고 있습니다. 이 같은 회복은 북핵 위기라든지 유가 상승, 환율 상승, 이런 악조건을 안고 또 끊임없이 위기다, 파탄이다, 총체적 실패다, 온갖 저주와 악담을 이기고 극복한 것 아닙니까?

복지 지출의 증액 때문에 국채는 조금 늘었습니다. 몇 백조 원 하는 것은 사실이 아닙니다. 다른 용도입니다. 공적 자금 전환과 외평채, 그 채무는 우리가 물건을 가지고 있기 때문에 채무라도 괜찮은 채무입니다. 물건 사 가지고 있으니까요. 실제로 우리가 정부 지출, 일반 재정의 지출에 비해서 진 부채는 그렇게 많지 않습니다. 정확하게 기억을 못하겠는데요, 여하튼 그렇게 지금 견디어 왔습니다. 이 대목에서 저는 우리 국민들에게 감사하다는 말씀을 드리고 싶습니다. 참 우리 국민들이 잘해 주십니다. 국민들의 역량이 아니었으면 이렇게 잘 극복할 수 없었을 것입니다.

한나라당은 요즘도 계속해서 실패다, 무능이다, 참여정부를 흔들고 있습니다. 그 양반들이 1998년의 후유증이 아직까지 다 해소되지 않고 있다는 사실을 잘 모르는 모양이에요. 여러분 혹시 아는 분들 있으면 우리 책 한 권씩 사서 선물 좀 하세요. 1998년에 나빠진 지표를 회복하는데 지금 아주 고생이 많습니다. 참으로 무책임한 집단입니다.

청와대에서 매일매일 언론한테 얻어맞고, 한나라당 한마디 하면 톱기사로 올라가서 또 얻어맞고, 맞다가 오늘 저 혼자 아무도 안 말리는 데서 일방적으로 한 번 해 보니까 기분 좋습니다.

참여정부는 평화와 안정을 확실히 지키고 그리고 증진하고 있습니다. 북핵문제에 관해서 대화에 의한 해결 원칙을 그야말로 뚝심 있게 관철해서 이제는 쌍방이 모두 확실하게 대화의 길로 들어가서 성의를 다하고 있습니다.

2005년도 9·19선언은 그야말로 참여정부의 작품입니다. 그런데 증거가 없어서 말을 할 수가 없습니다. 9·19선언 안에 동북아시아의 다자안보협의체라는 개념이 있는데, 그 개념은 그야말로 참여정부가 6자회담, 북핵 이후의 동북아 질서를 미리 내다보고 당사국들을 설득해서 만들어 놓은 것입니다. 뭔가 좀 비전이 있지 않습니까?

남북 간 신뢰가 많이 증진됐다고 봅니다. 이것은 우리가 인내하고 양보하고 절제했던 결과라고 생각합니다. 한마디 나쁜 소리 들으면 두 마디 쏘아 주고, 또 세 마디 돌려받고 네 마디 쏘아 주고 그렇게 하는 것이 상호주의라고 합디다.

미사일 발사 했을 때, 핵 실험 했을 때 그 당시의 우리 언론, 정치, 국민들 저를 죽사발 만들었습니다. 여론조사해 보니까 '잘못했다'가 70% 이상 나왔습니다. '왜 아무 말도 안 하느냐, 한 대 때려야지.' '새벽에 왜 비상 안 걸었느냐.' 이런 것은 옛날에 안보 독재 할 때 써먹던 겁니다. 걸핏하면 비상 거는 것, 안보독재 할 때 써먹던 것인데 그때 기억이 남아 있어 왜 안 하냐고 국회에서 도 떠들고 통일부 장관이 벌겋게 닦달을 당했습니다. 그런데 국 민들까지 섭섭하게 왜 그랬냐고 합니다. 우리가 절제하는 가운 데 신뢰가 구축되는 것입니다. 저는 북한의 자세가 이전과는 많 이 달라졌다고 생각합니다. 보면 확실히 다릅니다.

동북아 시대 구상, 균형외교, 전략적 유연성, 동북아 다자안보 체제 모두 적지 않은 성과입니다. 중요한 개념들입니다. 이 또한 국민의 정부와 참여정부의 정체성입니다. 한나라당은 친북 좌파 정권, 퍼주기, 금강산·개성공단 중단하라, 그렇게 계속 주장해 왔습니다. 거기에 장단을 맞추어서 저를 성토하던 사람들, 특히 전시작전통제권 절대로 이양받지 말라고 하면서 서울 한복판에 서 시위하던 분들 지금 다 어디로 가셨습니까?

웃고 말 수도 있는데, 우리 사회의 이 같은 수준의 인식을 가 지고 소위 한반도 시대, 동북아 시대, 다민족 시대를 제대로 대응 할 수 있겠는가, 우리나라가 과연 선진국 대열에 들어갈 수 있을 것인가, 이 대목에서 그 말씀을 하나 드리지요.

2020년이 되면 전 세계 경제의 5분의 1이 동북아로 집중된다, 그래서 세계의 경제 중심이 된다, 그렇게 말하지요. 맞습니다. 그 러나 경제의 중심이 된다고 해서 결코 동북아시아 또는 동아시아가 세계의 중심이 될 수는 없습니다. 문명의 중심 요소를 단지 경제로만 보아서는 안 됩니다.

우리가 추구하는 문명의 핵심적인 요소는 공존의 지혜, 말하자면 평화와 공존 아니겠습니까? 평화와 공존의 전략과 정책이 앞서 있는 나라가, 앞서 있는 지역이 세계의 중심이 되는 것입니다. 오늘 세계의 중심은 미국이 아니고 유럽이라고 생각합니다. 동북아시아가 진정으로 세계 경제의 중심이 되고 세계 문명의 중심으로 발전하려면 우리의 국가적 전략과 국민의식을 새로운 수준으로 향상시켜야 합니다.

참여정부는 안보를 정말 잘하고 있습니다. 국방 개혁을 이제 돌이킬 수 없도록 제도화해 놓았습니다. 이제 앞으로 갑니다. 윤광웅 장관님, 수고 많이 하셨습니다. 한다 한다 하면서 안 했는데 윤 장관이 들어오셔서 다 만들어 놓고 나가셨습니다. 법으로 만들어 놓았습니다.

국방비 투자 구조도 다 바꾸고, 군 구조도 근본적으로 개혁하고, 군의 전투력 개념도 바꾸고 그렇게 해서 국방력을 질적으로 향상시켜 나가는 정책이 국방개혁입니다. 20년 동안 말로만 해야 한다 하면서 미루어 왔던 것인데 이번에 확실하게 본궤도에 들어갔습니다. 국방조달체계, 군 사법제도, 군 의료서비스 이런 것들을 다 개혁해서 합리화, 효율화 하고, 그래서 정예강군을 만들어 국방력을 증강한다, 이것이 국방개혁의 논리입니다.

하나하나가 모두 저항이 만만치 않은 문제들입니다. 아무나

할 수 있는 일이 아닙니다. 저도 뚝심과 전략을 갖고 했습니다. 우리 귀한 자식들 병영 생활환경을 개선했습니다. 안보를 정치에 이용하지 않습니다.

나라의 위신을 높이고 국익을 증진하는 외교를 했습니다. 균형외교를 했습니다. 전시작전통제권, 용산 미군기지 이전과 같은 일들, 미루어 왔던 숙제지요. 한·미동맹을 재조정해서 이런 일을 했습니다. 용산 미군기지에는 이제 세계적으로 아름다운 공원이 만들어질 것입니다. 돈은 좀 들지만 대운하 같은데다 돈쓰지 말고 이런 데 돈을 써야 된다고 생각합니다.

유엔 사무총장이 한국에서 나왔습니다. 본시 그분이 훌륭하고 국제무대에서 신망이 있는 분입니다. 그러나 우리가 균형외교를 하지 않았다면 아무리 똑똑한 사람도 그 자리 안 시켜 줍니다. 하여튼 균형외교가 좀 기여했습니다. 한나라당은 균형외교 안 하거든요. 대미 일변도 외교를 안 한다고 저에게 얼마나 타박을 쳤습니까?

자원 확보도 꽤 많이 했답니다. 그럼 보니까 나와 있습디다. 그리고 좀 전략적인 해외투자 이런 것을 기획해서 작년 하반기부터 알제리, 아제르바이잔, 나이지리아, 그 밖의 동남아 여러 국가에 한두 개의 사업이 아니라 여러 분야의 정부 컨소시엄을 형성해서 패키지로 투자하고 협력하는 방향으로 전환했습니다. 이제는 한국도 본격적인 해외투자 국가가 될 것입니다.

요즘 경상수지 적자 얘기가 나오는데 우리나라는 정말 외국에서 과실송금이 들어오는 게 없거든요. 그 대신 과실송금은 많이 나가지 않습니까? 우리도 앞으로 투자를 통해 과실송금 들어오는 나라로 갑니다. 참여정부에서 확실하게 그 방향으로 전환되는 것입니다.

파병 문제, 전략적 유연성을 잘했느냐, 못했느냐 시비가 좀 있었고요, 한·미 FTA 문제, 이 부분은 타당성에 대해 따로 설명 드리지 않겠습니다. 기회가 있으면 질문을 받고 답변하도록 하겠습니다.

해외 다니면서, 외교하면서 제가 받은 느낌으로는 한국이 국제무대의 당당한 일원으로 등장한 때는 국민의 정부부터입니다. 지도자의 정통성이 국가 위신에 미치는 영향이 굉장히 크다는 것을 많이 실감했습니다.

어느 정부의 성과를 얘기할 때 가장 중요한 것은 공약입니다. 공약은 그 시기 국민의 요구를 담아 놓은 것이기 때문입니다. 많은 국민들의 수많은 요구 중에서 국민들의 공감대가 가장 높은 것이 핵심공약 아니겠습니까? 핵심공약은 보통 그 시대의 역사적 과제, 바로 시대정신을 응축한 것이라고 합니다. 그래서 공약은 중요합니다. 참여정부의 공약을 보겠습니다.

핵심공약만 보면 '국민이 주인 되는 나라' '떳떳한 국민, 당당한 나라'이런 말을 많이 썼습니다. 제일 많이 썼던 것이 개혁과 통합이었습니다. 그 다음에 새로운 정치, 이것이 국민들한테 가장 많이 받아들여졌던 것 같습니다. 여러 소리 말고 정치 개혁해라, 이런 뜻이었던 것 같습니다. 말하자면 독재와 권위주의의 잔재를 청산하고 정치부터 똑똑히 하라는 것이었습니다. 요즘 후보들이 들고 나오는 공약하고 비교해 보면 조금 차원이 다른 것 같습니다.

공약의 구체적인 내용과 이행 과정을 점검해 봅시다. 우선 개혁의 공약입니다. 저는 후보 시절에 《노무현이 만난 링컨》이라는 책의 서문에서 '낮은 사람, 겸손한 권력, 강한 정부' 이런 공약을 했습니다. 그 뒤에 대통령 후보가 돼서는 '친구 같은 대통령' 이렇게 공약했습니다. 정치권력을 개혁하겠다는 것이었습니다. 권위주의, 가신정치, 측근정치 등도 개혁하겠다는 것이었지요.

'특권과 반칙이 없는 사회', 이것은 정치권력, 권력기관, 언론권력의 횡포를 염두에 두고 한 공약이었습니다. 정경유착, 권언유착, 부정부패, 연고주의를 다 청산하겠다고 얘기했습니다. 그리고 투명하고 공정한 사회를 만들겠다고 했습니다. 정보의 평등, 기회의 평등, 조세행정의 투명화, 공정위 강화, 검찰권의 공정성, 이런 것들을 뜻하는 것이었습니다.

원칙과 신뢰를 얘기했습니다. 그리고 상식이 통하는 사회, 합리적인 사회를 얘기했었지요. 한마디로 말해서 예측이 가능한 사회로 가자, 그래야 우리 국민들이 떳떳하게 살 수 있다, 떳떳한 국민이 거기서 나오는 것 아니겠습니까?

더불어 잘 사는 균형발전사회, 복지는 그 자체가 가치이거니와 갈등 예방과 국민통합을 위해 매우 중요한 요소이기 때문에 균형발전사회가 필요한 것입니다.

지역주의 극복과 국민 통합은 잘 안 된 것 같습니다. 그러나 17대 총선에서 열린우리당 후보가 영남에서 득표한 것이 32%였습니다. 이것은 그 이전의 두 배에 해당되는 아주 막대한 표입니다. 아무리 마음대로 쓰는 신문도 요즘 지역차별, 인사편중 이런 것은 안 씁니다. 없나 보죠. 그런데 다시 지역주의가 되살아날 조짐을 보이고 있습니다. 열린우리당이 흔들리고 있습니다. 어려워지면 지역에 기대려고 하는 기회주의가 다시 대두하고 있는 것입니다. 풀어야 할 숙제입니다.

새로운 정치, 그것은 대선 과정에서 이미 시작됐습니다. 여러분들이 시작하신 것입니다. 그리고 당선된 이후에 대선자금 수사로 우리나라에 정치문화의 천지개벽이 일어났습니다. 그런데 이 또한 요즘 부활할 조짐을 보이고 있습니다. 공천헌금과 같이 은밀한 거래가 이루어지고 있습니다. 일부 정치인들이 정상배로 타락하고 있습니다. 지역주의로 공천권이 이권화된 것입니다.

그런데 이번 대선을 미리 보면 개혁의 공약이 없습니다. 정치개혁의 공약이 안 보입니다. 언론도 대강 넘어가고 있는 것 같습니다. 108건이나 되는 공천헌금 사건을 수사했는데 보도는 별로 안 된 것 같습니다. 국무회의에서 법무부 장관이 보고까지 하도록 했는데 그래도 대충 보도하고 말아 버렸습니다. 공천헌금은 괜찮다, 자기들끼리 해먹으니까 국민은 손해 없다 이것인가요? 큰일났습니다. 정말 큰일났습니다.

그리고 과거사 정리를 공약했습니다. 지금 열심히 하고 있습니다. 정의로운 사회를 위해서 역사를 바로 세워야 합니다. 그리고 과거의 족쇄를 풀고 미래로 가기 위해서 과거사 정리를 해야 합니다. 미래를 위한 일입니다. 왜 과거에 집착하느냐고 비난하는데 그렇지 않습니다. 미래로 가기 위한 것입니다.

참여정부는 정부를 혁신하고 있습니다. 공직사회는 국가 발전의 핵심 역량입니다. 일하는 태도와 방법을 혁신하지 않으면 안 됩니다. 조직과 제도, 절차를 모두 혁신합니다. 엄청난 시스템의 혁신이 이루어졌습니다. 모든 업무를 매뉴얼로 만들고 또 표준화해 가고 있습니다. 정부정책의 품질관리제도를 도입했습니다. 행정제도의 기반을 재정비하고 있습니다. 예를 들면 정책의 결과를 예측할 수 없는 많은 정책들이 있는데 통계가 없어서 너무 불편했습니다. 다 정비하고 있습니다. 국가평가체계도 완전히 새롭게 만들었습니다. 이제 사전 점검 체계도 만들고 있습니다.

그리고 혁신하는 방법을 혁신했습니다. 혁신을 혁신했습니다. 그래서 많은 혁신 기법이 지금 공직사회에서 적용되고 있고 많은 성공사례가 나왔습니다. 책을 모으면 이 스크린 벽이 가득 찰 만큼 각 부처나 조직에서 사례들을 발표해 놓고 있습니다. 물론 그중에는 쭉정이도 좀 있습니다. 쭉정이라도 그게 어디입니까? 정부 혁신은 국제사회에서 주목을 받고 있습니다. 혁신 속도가 가장 빠른 나라, 혁신지수 세계 7위, 참여정부 대통령은 혁신 대통령입니다.

참여정부 대통령은 설거지 대통령입니다. 20년, 30년 묵은 과제들을 다 해결했습니다. 행정수도는 30년 묵은 과제이고, 용산 미군기지 이전, 전시작전통제권, 국방개혁은 20년 묵은 과제이며, 방폐장 부지 선정, 장항공단은 18년 묵은 과제입니다. 사법개혁은 10년 이상 끌던 과제이고, 항만노무공급체계 개선은 100년이 넘는 과제인데 이것을 참여정부가 해결했습니다.

그냥 넘겨주는 것이 없습니다. 하나하나 전부 갈등이 있고 저항이 있었습니다. 새만금, 천성산 터널, 사패산 터널, 공공기관 이전, 화물연대, 노사관계 제도 선진화, 비정규직 입법, 특수고용문제, 부동산 보유세, 국세 투명화, 성매매특별법, 언론개혁, 과거사 정리, 그러니까 나라가 시끄럽지요.

분명히 말씀드리고 싶은 것은 어렵다고 회피하거나 결코 미루지 않았습니다. 소신과 뚝심, 그리고 치밀한 전략으로 정면 돌파하고 책임을 다했습니다. 묻혀버리기 쉬운 일까지 찾아내서 처리를 한 것도 있습니다. 철도공사 적자 문제, 항공우주산업 재무구조 문제, 이런 것들도 다 챙겨 가면서 했습니다.

앞으로 계속 추진해 나가야 할 것이 있습니다. 국민연금, 공무원연금, 방송통신융합, 4대 보험 징수 통합, 자본시장 통합, 이런 일들이 있습니다. 이 중에서 방송통신융합은 참 어려운 일입니다. 언론의 힘이 너무 셉니다. 국민연금도 손해가 많습니다. 하루 800억 원씩 손해가 난다고 하고, 1년에 14조 원씩 적자가 누적된다고 합니다. 어렵습니다.

국민연금과 관련해서 한 가지 사례가 있습니다. 연금을 받고 전체적으로 운영하는 기구하고 사업적으로 투자하는 기구를 나누려고 하는데 이게 참 어려웠습니다. 그 방안을 어렵게 마련해서 16대 국회에 제출했습니다. 그런데 한나라당이 공무원연금 투자운용체계를 개선하면 주식 투자를 해서 주가가 올라갈 경우 17대 총선에서 한나라당이 불리하다고 해서 뒤로 미뤄 버렸습니다.

적대적 언론 가운데에서, 여소야대 국회에서 그 많은 일들을 어떻게 해냈는지 정말 우리 장관들과 실국장들이 고마운 사람들입니다. 국회의원 타이르고, 달래고, 매달리고 그렇게 해 온 것입니다. 공무원들 칭찬을 자꾸 하는데 그게 이유가 있습니다. 제가 빚을 많이 졌으니까요.

기자실 논란이 지금 뜨겁습니다. 결론부터 말씀드리겠습니다. 폐해가 있어서 개혁한 것입니다. 1차 개혁을 했는데 시간이 흐르면서 옛날의 폐해가 되살아나는 것 같아서 2차 개혁조치를 한 것입니다. 이대로 넘겨주면 다음 정부에서는 기자실이 다시 부활되고, 사무실 무단 출입도 부활되고, 간판도 부활되고, 자전거 일보가 다시 부활될지도 모른다는 우려 때문에 확실하게 정리해서 넘겨주기 위해 제2차 브리핑제도 개선을 한 것입니다.

왜 유독 언론만이 부당한 권리와 부당한 이익을 계속 주장하는 것입니까? 민주화 이후 모든 조직과 집단이 관행이란 이름으로 누리던 부당한 이익을 다 포기하고 있는데 왜 언론은 그렇게 못합니까? 국민의 알권리를 방패로 막강한 권력을 누리고 있으면서 왜 부당한 이익을 주장합니까? 언론의 이기주의가 너무 지나칩니다. 노블리스 오블리제는 언론에게도 적용되어야 합니다.

왜 양심 없는 보도를 계속하고 있습니까? 전 세계 언론 선진 국에는 다 기자실이 없다는 사실, 그리고 기자실이 있는 일본은 언론 자유 53위이고, 미국은 51위이고, 참여정부의 언론 자유는 31위라는 사실은 왜 보도하지 않습니까? 세계언론인협회의 성명은 사실과 다른 내용을 전제로 하고 있습니다. 누가 왜곡된 정보를 제공했는지 모르겠습니다만 유감스럽습니다. 걸핏하면 내놓는 입맛에 맞는 여론 조사도 왜 안 하는지 모르겠습니다. 설문을 조작하기가 어려운지, 그래도 일말의 양심이 있어서인지 묻고 싶습니다.

언론 자유, 언론 탄압을 말하는 사람들에게 묻고 싶습니다. 언론은 집단이기주의의 껍질을 버리고 정직하게 생각해 보기 바랍니다. 과연 언론 자유가 기자실에 있습니까? 유신 시절, 5공 시절은 기자실 전성시대였습니다. 그 기자실에 언론 자유가 있었습니까? 통제와 유착과 부당한 이익만 있었을 뿐 아닙니까? 정말 기자실에 국민의 알권리가 있습니까? 알권리는 기자실의 관급 정보 받아쓰기와 귀동냥으로 충족되는 게 아닙니다. 발로 뛰어서 기사를 써야 국민의 알권리가 충족 되는 것 아닙니까? 그동안 국민의 알권리를 충족했다 싶은 좋은 기사들 중에서 기자실에서 나온 기사는 없습니다. 기자실에서는 좋은 기사가 나오지 않습

니다. 출입처 기자실은 경쟁의 필요성을 줄이는 기능을 하기 때문입니다. 출입처 제도는 편견과 유착의 근원이 되고 기사를 획일화하는 백해무익한 제도입니다. 좋은 기사, 나만의 기사를 쓰기 위해서는 출입처 바깥으로 나가서 발로 뛰고 시야를 넓히고 공부하고 연구하면서 기사를 써야 합니다.

출입처를 없앤다고 언론 탄압이 되겠습니까? 1차 개혁 때도 언론을 탄압한다고 반발했지만 언론 자유도는 오히려 더 높아지지 않았습니까? 그리고 기사의 품질도 더 좋아지지 않았습니까? 가판도 없어지지 않았습니까? 온라인 브리핑과 온라인 질문답변 시스템을 이용하면 기자실보다 훨씬 편리하게 취재할 수 있게 될 것입니다. 기자수가 적은 언론, 경쟁력이 약한 언론에게는 훨씬 더 유리합니다. 다시 한 번 생각해 보시기 바랍니다. 가재는 게 편이라는 것도 어지간할 때 애교지, 무조건 초록은 동색이라고 하면 기자 다 함께 욕먹습니다.

대한민국 기자의 위신과 자존심을 그런 대로 유지하게 해 준 것은 유신 시절의 해직기자들이 있었기 때문입니다. 그렇듯이 지금 이 시기에도 기자실 폐지를 당당하게 주장하는 언론이 있어야 뒷날 우리나라의 언론인 전체가 부끄럽지 않을 것입니다.

저는 언론의 주장에 동조하는 사람들을 어느 정도는 이해하고 있습니다. 정치인들이야 언론의 밥 아닙니까? 볼펜 들고, 카메라 들이대고 묻는데 어쩌겠습니까? 그러나 국정홍보처 폐지, 기자실 부활을 대통령 공약으로 들고 나오는 사람들은 너무 심합니다. 이렇게 하는 것을 어떻게 불러야 합니까? 추파라고 부를까요? 영합이라고 부를까요? 굴복입니까? 참 어이가 없고 한심합니다. 뭘 좀 알고 말합시다. 엉터리 기사만 따라 읽지 말고 다른 나라 사례들도 알아보고 공부도 좀 하고 진정한 의미에서 민주주의의 미래, 우리나라의 미래도 생각하고 말합시다. 제가 지금 언론 탄압을 하면 무슨 영화를 얼마나 보겠습니까? 고작 서너 달입니다. 8월에 개혁하는데 9, 10, 11월 그때는 이미 무대가 정부를 떠나고 있는 때입니다. 저는 뒷방 아저씨 아닙니까? 언론 탄압 하고 말 것이 뭐가 있습니까? 뜻이 있어서 하는 것 아니겠습니까?

언론 탄압도 나쁜 일이지만 언론의 눈치를 보고 영합하는 것도 나쁜 일입니다. 언론에 영합하고 있는 사람들에게 묻고 싶습니다. 과연 진심입니까? 그렇게 하면 정권 잡습니까? 그렇게 정권을 잡아서 무엇을 하겠다는 것입니까? 지금은 여론과 언론의 눈치를 살피느라고 할 일도 제대로 하지 못하는 그런 정권, 언론 권력에 영합해서 역사를 거꾸로 돌리려는 정권으로 치열한 국가 간의 경쟁을 감당할 수 있는 그런 어수룩한 시대가 아닙니다. 우리 국민들은 그런 정부를 원하지 않습니다. 영합도 정도가 있습니다. 국정홍보처 폐지까지 들고 나오는 것은 정말 지나칩니다. 국정홍보처가 불법이라도 했습니까? 설사 불법을 했다 치더라도 국가기관을 폐지할 일은 아닙니다. 차떼기 하고 공천헌금 받은 정당도 문을 닫지는 않았습니다. 마음에 안 든다고 국가기

관을 폐지하자고 하는 사람들 보면 참 무책임한 사람들입니다. 저도 오늘 기분이 좋습니다만 신문 제목이 험악하겠지요?

민생은 정책에서 나오고 정책은 정치에서 나옵니다. 정치는 여론을 따르고 여론은 언론이 주도합니다. 언론의 수준이 그 사회의 수준을 좌우할 수밖에 없습니다. 나라가 선진국이 되려면 언론이 먼저 선진언론이 되어야 합니다. 우리도 선진국 한번 해 봅시다. 정치와 언론만 선진국 수준에 미달하고 있지 않습니까? 우리 정치와 언론이 각성해서 우리도 선진국 한번 해 봅시다. 갑시다. 부탁합니다. 최소한 있는 정책과 사실만은 제대로 전달해 주시기 바랍니다. 오죽하면 정부가 KTV와 국정브리핑에 그렇게 매달리겠습니까? 내용을 알고 정확하게 써 주시기 바랍니다. 오죽하면 정부가 보도점검 시스템을 만들어 놓고 기사를 일일이 점검까지 하겠습니까?

이제 모두 양심과 용기를 가지고 개혁에 동참합시다. 먼 후일 참여정부에서 가장 보람 있는 정책이 무엇이냐고 물으면 나는 언론정책, 언론대응이라고 말할 것입니다. 물론 역부족이고 한계는 분명하지만, 그러나 매우 중요한 일이고 상당한 진보를 거둘 것입니다. 민주주의 진보에 꼭 필요한 과정입니다.

참여정부에 대한 제 총평을 하겠습니다. 참여정부는 험한 바다를 헤쳐 왔습니다. 거센 바람과 험한 파도 그리고 뜻밖의 암초를 수없이 만났습니다. 끊임없는 진로 방해와 발목잡기, 흔들기, 돌발 사고에 시달려 왔습니다. 그러나 우리는 침몰하지 않았고 좌초하지도 않았습니다. 말년까지 레임덕 없이 잘하고 있습니다. 대통령 선거 당시에 노사모 사람들이 돈 없이 선거를 할 수 있도록 도와준 덕분입니다. 그분들이 저를 돈으로부터 자유롭게 만들어 주었기 때문에 대선자금 수사도 할 수 있었고, 그 많은 의혹 제기에도 무너지지 않고 견뎌 올 수 있었습니다. 감사합니다.

참여정부가 하고자 한 일은 대체로 다 실천이 되었습니다. 참여정부가 할 일을 제대로 하고 있는 것입니다. 집안은 끊임없이 시끄러웠지만 한국호는 잘 가고 있습니다. 방향도 괜찮고 속도도 괜찮습니다. 흔들지 않은 정책이 없었는데도, 그렇게 발목을 잡았는데도, 여소야대 국회인데도 이렇게 된 것은 참으로 신기한 일입니다. 이거는 정치학자들이 한번 연구해 볼 가치가 있는 현상 아닐까요?

종합적으로 봐서 5년 전 대통령 선거 때 여러분이 그리고 우리 국민들이 제게 기대했던 것이 무엇입니까? 그 기대 수준에 비교해 보면 한참 낫지요? 저는 기대 수준을 넘어섰다고 생각합니다. 그런데도 이렇게 시끄러운 것은 그 이후에 새로운 불만들이 생겼기 때문입니다. 공약한 것은 다 호주머니에 받아 넣고 '경제 내 놔라, 이 사람아.' 합니다. '예, 드리겠습니다. 조금만 기다려 주십시오.'

준비 안 된 대통령, 이런 말씀을 하시는 분이 계신데요. 지나고 보니까 그 말은 맞지 않는 것 같습니다. 그렇게 말하시는 분들에게 '이제는 그 말씀 취소해 주십시오.' 이렇게 말씀드리고 싶고요. 다만 준비되지 않은 것 한 가지가 있는 것 같습니다. 카메라가 있는 곳에서는 말을 고상하게 잘 다듬어서 해야 되는데 그 재주를 미처 준비하지 못했고 지금도 아직 그 재주가 부족합니다. 앞으로 한 번 더 시켜 주면 확실하게 하겠습니다.

제가 그동안에 몰랐습니다. 하도 시샘이 많고 시비가 많아서 노사모 있는 데는 잘 가지도 못하고 보고 싶어도 못 보고 그랬습니다.

고향 생가 바로 뒤에 집을 짓고 있습니다. 제 집은 '지붕이 낮은 큰 집'입니다. 왜 큰 집이냐면 규모가 작지 않으니까요. 선입견을 어떻게 갖고 보느냐에 따라서 달라지기 때문에 큰 집이라고 이름을 붙여 놔야 실제로 보고는 '별로 크지도 않은 데 뭔 큰 집이야'라고 생각하겠지요. 그리고 지붕이 아주 높고 이러면 권위적으로 보일 것 같아서 지붕을 낮게 짓고 있습니다.

그 앞에 조그마한 마당 하나 만들고 해서 이제 '노사모 마당'으로 이름을 붙일 생각이거든요. 노사모라고 이름을 붙이니까 그러면 노사모 참여 안 했던 사람은 어쩌라는 얘기냐. 저는 노사모라는 것을 고유명사로도 쓸 수 있지만, 그와 같은 사회참여 활동, 정치참여 활동을 보편적으로 그냥 노사모 활동이라고 보통명사화 할 수 있다고 생각합니다.

이제 참여포럼 하면 노사모도 다 들어가는 것이고요. 나중에는 참여포럼도 노사모로 이렇게 서로 통합되는 과정으로 갈 수 있지 않느냐 생각합니다. 보편적 현상이니까요. 그러나 제가 일방적으로 결정할 문제도 아니고 여러분도 함께 한 번 생각해 보십시다. 참여정부에 참여했던 많은 분들이 직접 노사모 활동에 참여는 안 하셨지만 관료생활 하다가, 학자 하다가 정부에 참여하신 분 많지만, 그분들이 노사모라는 현상을 눈으로 지켜봤고 보통 1년 이상씩 저와 함께 일하면서 우리가 무엇을 어떤 방법으로 추구하느냐에 대해 공감대가 상당히 높이 형성되어 있다고 생각합니다.

참여정부 공무원은 보통 공무원과는 다릅니다. 참여정부 정무직에 장·차관 지낸 분들은 그 이전의 관료 출신과는 다른 의식을 가지고 있다고 생각합니다. 모두는 아니겠지만, 대체로 그 공감대를 가지고 있기 때문에 저는 참여정부의 대통령 생활을 하는 동안에 굉장히 소중한 인적 자원을, 한국사회에 새로운 흐름을 주도해 나갈 수 있는 훌륭한 인적 자원을 확보했다고 생각합니다. 누가 누구를 양성하는 것이 아니라 스스로 양성해 나가고 있다고 생각합니다. 언론도 지금 그렇고, 정치도 그렇고 이런 사회에서 뭔가 변화를 추동해 나갈 수 있는 중요한 사람들이라고 생각합니다.

본론 들어가겠습니다. 대한민국, 정말 잘 가고 있는가, 저는 멀리 보아야 보인다고 생각합니다. 크게 보아야 보인다고 생각합니다. 그래서 통찰력과 전략적 안목을 가지고 보아야 한국이 잘 가고 있는지를 알 수 있다고 생각합니다.

그런 관점에서 적어도 참여정부의 전략은 그동안 적절했는가,

적절했다면 큰 위기 요인이나 부담 요인을 다음 정부에게 넘기지 않는 한 대한민국은 당분간 잘 갈 수 있다, 그렇게 생각합니다. 더 계속 잘 가려고 하면 다음 정부도 좋은 정부라야 한다고 말할 수 있겠지만, 결론은 잘 가고 있습니다.

참여정부의 국가발전전략은 21세기형 국가전략의 모범이다, 그렇게 말씀드리고 싶습니다. 우선 사람들이 경제를 중심으로 항상 사고하기 때문에 저도 국가발전전략을 경제라는 목표를 중심에 두고 한번 설명해 보겠습니다.

국가발전전략의 핵심은 시장을 넓히는 전략, 기업하기 좋은 환경을 만드는 전략, 지속가능한 기업환경을 만드는 전략, 그리고 시장친화적인 사회, 크게 이렇게 말할 수 있다고 생각합니다.

우선 시장이 넓어야 기업들이 경제적으로 성공할 수 있지 않겠습니까? 그런데 시장을 그저 공간적 넓이로 인식할 것이 아니라 시장을 질적으로, 부가가치라는 측면에서 인식한다고 하면 똑같은 시장에서도 시장은 얼마든지 넓어질 수 있습니다.

기업의 경쟁력이 높으면 시장이 넓어집니다. 그런데 기술이 높으면 경쟁력이 높아지는 것이지요. 따라서 높은 경쟁력과 넓은 시장은 높은 기술과 넓은 시장, 이렇게 말할 수 있겠지요. 과학기술 혁신, 미래 성장 동력 육성, 혁신 주도형 기업 지원 정책, 정부 혁신, 교육 혁신은 크게 보아서 다 혁신 전략이라고 말할 수 있을 것입니다. 동반성장과 상생경영도 역시 시장을 넓히는 전략입니다.

기업과 기업 간의 경쟁도 중요하지만, 기업 생태계와 기업 생태계 사이의 경쟁도 중요합니다. 우리가 흔히 도요타의 사례를 많이 드는데 도요타는 협력업체와의 기업 생태계를 아주 경쟁력 있게 구성하고 있기 때문에 경쟁력이 높습니다.

그래서 기업 생태계 간의 경쟁 시대를 생각하면 동반성장과 상생경영도 전략입니다. 동반이라는 개념을 보면 기업과 기업, 기업과 노동자, 그리고 기업과 지역사회, 이 모두가 하나의 생태계를 이루는 것 아니겠습니까? 그런 전략을 말씀드리는 것입니다.

그리고 개방은 시장을 넓히는 전략입니다. FTA와 적극적인 해외투자, 이런 것인데 개방도 이제는 단순히 소극적으로, 수동적으로 개방하는 것이 아니라 우리가 능동적으로 시장을 개척해 나가는 전략이 필요하다고 생각합니다.

이 점에 관해서 많은 논란이 있습니다만, 역사를 돌이켜 보면 교류하지 않은 문명은 전부 쇠약하고 소멸했습니다. 그리고 세계의 역사, 소위 물질적 측면의 세계 역사는 통상국가가 주도해 왔습니다. 물질문명을 주도하는 국가가 오늘날 세계를 지배하고 있습니다. 물론 한국이 세계를 지배하고자 하는 것은 아닙니다만, 그러나 지배받지 않으려면 지배력에 대항하려면 적어도 그 정도의 실력을 갖추고 있어야 됩니다. 우리도 통상국가가 되어야 한다는 것이지요. 선진적 통상국가가 되어야 한다는 것입니다. 그래서 개방하고, FTA도 하고 WTO도 해야 됩니다.

그런데 한 가지 인식의 오해가 있습니다. 자꾸 쇠고기를 FTA

의 결과로 얘기하는데, 쇠고기는 FTA를 안 하더라도 수입을 거부하기 어려운 상황입니다. 세계 수십 개 국가가 미국산 쇠고기를 먹고 있는데, 미국 시장이 한국에 대단히 중요한 수출시장인데 우리가 미국 쇠고기를 안 먹겠다고 하면 우리 상품 미국에 팔아먹기 쉽지 않죠? 미국은 막강한 반덤핑, 수입규제 제도를 가지고 있습니다. 제도만 가지고 있는 것이 아니고 실제로 시장을 지배할 만한 막강한 힘을 가지고 있는데 그 시장을 우리가 포기하지 않는 이상, 합당한 명분 없이 어떻게 쇠고기 수입을 거부할 수 있겠습니까? 그 구체적인 내용과 절차에 있어서는 한국이 지킬 것은 다 지킬 것입니다.

그러나 어떻든 FTA의 결과는 아닙니다. 지난번 선결 조건에 쇠고기 문제가 들어가 있었습니다만 그것은 어차피 줄 것을 주는 것입니다. 생색낸 것에 불과하다고 보면 되는 것입니다.

제가 우리 국민들의 자존심을 그렇게 가볍게 생각하는 대통령은 아닙니다. 압력이라는 용어를 자꾸 쓰고 있는데, 이건 국가 상호 간의 통상 관계에서 여러 가지 요구조건들을 내걸고 주장을 하고 들어주지 않으면 우리도 상응하는 조치를 하겠다는 것이 보편적인 현상인데, 왜 하필 미국 얘기만 나오면 압력이나 콤플렉스라고 합니까? 미국 콤플렉스를 뒤집으면 일종의 사대주의적 사고입니다.

제가 대통령 후보였을 때 거의 모든 사람이 자꾸만 저더러 미국 갔다 오라고 그래요. 미국 가서 미국 사람한테 눈도장을 찍고

오지 않으면 한국에서 대통령 될 수 없다는 거예요. 그래서 되는가, 안 되는가 한번 해 보자. 진보 진영이라고 얘기하는 사람들 사이에서도 이와 같은 미국 콤플렉스가 있습니다. 이것은 벗어던져야 됩니다. 반미라는 것 자체가 적절하지도 않거니와 그것은 열등감의 표현이고, 그것을 거꾸로 뒤집으면 사대주의의 표현이기 때문에 벗어던져야 한다고 말씀드리고 싶습니다.

이제 우리 한국은 적극적 해외전략을 채택하고 추진하고 있습니다. 제가 체계적이고 조직적으로 정부에다 지시해서 기업과 함께 추진하고 있습니다. 해외에 나가 보면 한국이 엄청나게 실력을 인정받고 있습니다. 팔아먹을 것도 많습니다. 실력이 대단해서 정부가 가지고 있는 정보, 기업이 가지고 있는 정보들을 가지고 투자의 안정성도 전부 검증하고, 투자 자본을 결집하는 것도 함께 합니다. 앞으로 우리 한국도 해외에서 열심히 투자하고, 그래서 다른 나라들과 동반성장하고 상생하는 그런 모범적인 국가가 될 것입니다.

그러면 이제 GDP보다 GNI 성장률이 낮다는 것도 극복하게 되겠지요? 그렇게 갈 수 있을 것입니다. 자꾸 환율이 올라가는 것을 막는 데도 우리의 적극적인 해외투자가 꼭 필요한 전략입니다.

기업하기 좋은 환경이라는 것이 매우 중요합니다. 말하자면 기업 생태계를 잘 조성해야 된다는 것이지요. 투자와 금융·상품·노동, 이런 것을 잘 결합할 수 있는 좋은 환경이 필요합니다.

기업 생태계에서 가장 중요한 것은 자유로운 시장입니다. 그래서 관치경제를 버리고 시장경제로 가야 하는 것이지요.

그리고 규제는 적을수록 좋습니다. 투명하고 공정한 시장이 되어야 합니다. 자유시장을 말하는 사람들 중에는 그 자유를 시장에 참여하는 모든 사람의 자유로 생각하지 않고 일부 시장지배적인 강자의 자유로 인식하고, 시장에서 강자가 어떤 일을 하든 간섭하지 말라, 이렇게 주장하는 자유시장주의가 있습니다. 이것은 아닙니다.

공정한 경쟁이 보장되어야만 자유시장의 이점, 경쟁과 향상이라고 하는 성과를 거둘 수 있습니다. 강자가 약자를 지배하는 시장에서는 착취가 발생할 뿐이지요. 이것은 미국에서 1900년경에 루즈벨트 대통령이 극보수주의이면서도 카르텔을 전부 해체하는 결단을 내린 것을 보더라도 명백한 것입니다.

모든 규제가 악은 아닙니다. 필요한 규제는 해야 합니다. 필요하고 공정한 경쟁을 형성하기 위한 규제도 있습니다. 환경, 노동, 인권이라고 하는 소중한 가치를 보호하기 위한 규제도 있습니다. 그러나 그 규제는 합리적이어야 하고 통과하는 데 시간을 줄여주고 비용을 줄여주는 방향으로 가야 합니다.

그동안의 규제를 건수로 계속 계산했는데 하루밖에 안 걸리는 그런 규제는 아무리 수만 건이 있어도 지장이 되지 않는다는 것이지요. 그래서 건수의 문제가 아니고 규제의 통과 시간을 줄여주어야 합니다. 구체적인 기업이 구체적으로 하고자 하는 행위에 걸리는 일련의 덩어리 규제들을 전부 개혁해 나가려고 참여정부는 노력하고 있습니다.

규제라고 볼 수도 있고 아니라고 볼 수도 있는데, 예를 들면 특허심사기간이 22개월에서 10개월로 줄었습니다. 화물 통관에 드는 시간이 참여정부 초기 9.6시간에서 2005년에 5.6시간으로 줄고 지금은 3.6시간으로 줄었습니다.

그래서 지금 정부의 정책도 하나의 정책을 입안하고 토론을 거쳐서 성원하고 법을 통과시키는 데 들어가는 시간을 전부 측정하고 있습니다. 그런데 참여정부 들어 국회에서 통과되는 데 걸리는 시간이 너무 많습니다.

제가 이런 소상한 말씀을 드리는 것은 제가 그렇게 큰 소리만 뼹뼹 치고 다니는 사람이 아니고 대단히 치밀하다는 것을 여러분께 자랑하고 싶어서 말씀을 드린 것입니다. 저는 제 스스로를 과장급 대통령일 때도 있고, 그러면서도 세계적인 대통령이라고 생각합니다.

지속가능한 기업환경에 대해 말씀드리겠습니다. 당장의 기업환경이 아니라 지속가능한 환경이 중요한 것이지요. 노사 간 신뢰의 문화가 있어야 되고 동반성장과 상생의 경영, 다 말씀드린 것입니다. 균형발전, 우리 사회가 세대·계층·지역·노사 간 균형 있는 발전을 하게 됐을 때 갈등이 예방되고 국민의 역량이 통합될 수 있습니다. 그래서 국민통합의 수단으로서도 균형발전은 필요하고 균형발전 자체가 가치이자 중요한 성장 전략입니다.

사회투자에 대해 말씀드리겠습니다. 사회투자는 우리 국민을 경쟁력 있는 국민으로 만든다는 것입니다. 말하자면 인적 자본 투자, 기회 균등, 예방적 투자, 경제·사회 정책의 통합을 통해 지속가능한 성장의 토대를 만들어 가는 국가전략입니다. 사람이 경쟁력이므로 경쟁력 있는 국민을 만들자는 것입니다.

어떤 사람이 경쟁력 있는 국민이냐? 건강하고 심적으로 희망이 넘치고 안정된 국민입니다. 오늘의 불안이 없고, 기회가 열려 있어서 내일에 대한 불안이 없는 사회에서 희망을 가지고 의욕이 넘치는 국민, 잘 교육받은 역량 있는 국민, 그것이 경쟁력 있는 국민이지요.

경쟁력을 저해하는 국민이 있을 수 있습니다. 낙오하는 국민들이 있을 수 있고, 낙오하는 국민들이 많을수록 우리 사회에 또한 부담이 되는 것이지요. 인도적으로도 옳지 않거니와 경제적으로 부담이 되기 때문에 예방적 투자를 하자는 것입니다. 어릴때 많이 투자하고 불편하고 조건이 불리한 사람들에게 집중 투자해서 그 사람들에게도 사람다운 삶을 보장함과 더불어 우리 사회의 부담을 없애 가는 것이 예방적 투자의 전략입니다. 그래서 경제정책과 사회정책의 통합이 필요합니다.

시장친화적인 사회, 계속 시장, 시장하니까 좀 웃기는 얘기 같지요. 요즘은 시장의 시대이니까요. 민주주의가 바로 시장친화적인 사회입니다. 민주주의가 소중하게 생각하는 자유는 창의를 자극하는 제도입니다. 민주주의는 경쟁의 정치이고 공정한 경쟁을 이상으로 하는 정치입니다. 따라서 시장의 자유롭고 공정한 경쟁은 민주주의와 딱 맞는 것이기 때문에 민주주의를 발전시키자는 것입니다. 그냥 발전시키는 것이 아니고 내용에 있어서 투명하고 공정한 사회를 만드는 그런 민주주의를 발전시키자는 것입니다.

사회적 자본이론이 있습니다. 기업하기 좋은 환경이 뭐냐 했을 때 원칙이 통하는 사회, 신뢰가 있는 사회, 투명하고 예측 가능성이 있는 사회, 사회 통합성이 높은 사회, 대개 그런 것이지요. 이런 것을 사회적 자본이라고 합니다. 사회적 자본은 민주주의 사회에서 잘 축적되는 것이기 때문에 민주주의를 그저 인권보장, 국민주권 사상을 실현하는 제도로만 보지 말고, 우리 경제가 성공하기 위한 관점에서 바라봐야 합니다. 기득권 가진 사람들이 민주주의 발전을 거북하게 생각해서는 안 된다는 말씀을 드리고 싶습니다.

민주주의가 잘 실현되고 평화가 정착되고 그래서 국민과 사회가 안정된 사회가 시장친화적인 사회 아니겠습니까? 이게 바로 참여정부 국가발전전략입니다.

참여정부는 비전 2030이라는 국가발전전략을 장기 재정계획으로 만들어 놓고 시행하고 있습니다. 전략 목표는 혁신적이고 활력 있는 경제, 안전하고 기회가 보장된 사회, 안정되고 품격 있는 국가입니다. 혁신, 활력, 안전, 기회, 쾌적한 환경, 품격 있는 문화 이런 정도로 생각합시다. 진짜 중요한 것은 핵심 전략에 있습니다. 제도 혁신, 선제적 투자, 이 개념은 기획예산처에서 만들어서 저한테 상납한 것입니다. 경제부처가 이런 전략을 기획한다는 것이 매우 중요한 것입니다.

국가발전전략을 여러 개 분산시켜 논리적 구조로 말씀드렸습니다만, 비전 2030에서는 5가지 전략으로 정리해 놓고 있습니다. 성장동력을 확충하자, 사회복지를 선진화하자, 인적 자원을 고도화하자, 사회적 자본을 확충하자, 능동적으로 세계화하자. 그 안에 50개의 개별 과제가 있고 이것은 현재 진행 중이고 하나하나 진도를 점검하고 보고 받고 있습니다. 마지막 순간까지 점검하고 추진해 나갈 것입니다.

왜 제가 막판에 이렇게 열심히 하느냐? 요즘 청와대에는 초년도보다 힘들다고 불평이 있습니다. 왜 막판에 이렇게 하냐. 저희가 주택정책을 만들어서 국민주택 정책을 추진하고 있는데 가만히 거슬러 올라가 연혁을 보니까 2002년 5월에 입안해서 2003년에 2월에 국회를 통과시켰어요. 그러니까 우리는 준비 없이 바로 정책집행에 들어갈 수 있는 것 아닙니까? 그래서 국민주택 연간 10만 호라고 참여정부가 떠들었지만, 사실은 국민의 정부가 만들어 준 것입니다. 국민의 정부도 좋은 정부예요.

국가발전전략의 전환은 국민의 정부에서 시작됐습니다. 변화의 요구는 1990년대 초부터 시작됐습니다. 세계가 변화하고 있고 한국은 개발독재의 잔재인 관치 경제, 불균형 성장전략으로 인한 후유증, 요소 투입형 경제에 발목이 잡혀 있었습니다. 대마

불사의 신화, 과잉 투자, 권위주의, 독재의 잔재, 특권과 반칙, 정경유착 이런 것들이 우리 경제의 발목을 잡고 있었던 것이지요.

우리 한국경제가 변화를 수용하지 않았기 때문에 경제 위기를 맞이한 것입니다. 위기를 이기지 못한 것이지요. 그래서 경제 위기를 극복하는 과정에서 국민의 정부는 기업·금융·노사·공공부문, 이렇게 4대 부문 개혁을 단행했고 혁신 주도형 지식기반 경제 전략을 내세웠습니다.

그것이 오늘날에 혁신 주도형 경제라는 비슷한 이름으로 쓰이고 있습니다. 그리고 경제 민주주의와 시장경제, 이렇게 했습니다. 실제로 관치금융이 완전히 청산됐고 자유와 인권이 신장되고 국가인권위원회, 국가청렴위원회 설치 등 많은 진보가 있었습니다.

그리고 국민의 정부에서 복지정책의 토대가 구축됐습니다. 생산적 복지의 개념을 도입했습니다. 바로 국민의 정부가 진보의 정책을 채택한 것이고, 시장경제를 강조함으로써 시장경제와 진보정책의 조화를 시도했습니다. 그리고 평화주의 전략, 포용정책을 통해 안정과 활력을 조화시켰지요. 그래서 라면 사재기, 방독면 사재기와 같은 얘기는 국민의 정부 이래 지금까지는 없지 않습니까?

제가 국민의 정부의 정책을 다시 한 번 평가해 보면서 과연 지도자의 자리는 머리를 빌려서 할 수 있는 자리가 아닌 것 같다, 해박한 지식, 지식과 정보에 대한 탐욕, 깊이 있는 사고력, 잘 정리된 가치와 철학이 꼭 필요한 자리인 것 같다, 그렇게 느끼고 있습니다.

그러면 참여정부의 정체성은 무엇인가? 민주주의의 정통성을 확실하게 가지고 있는 정부이고, 자주성을 가지고 있는 정부입니다.

분열주의를 극복하고 국민통합을 지향하는 정권입니다. 저는 1988년 분열된 민주세력에 참여한 이래 20년간 줄기차게, 일관되게 지역주의와 싸우고 있습니다. 국민통합을 내걸고 대통령에 당선됐습니다. 지역주의를 해소하는 것은 역사의 과제이자 참여정부에 부여된 역사의 소명입니다.

참여정부는 진보를 지향하는 정부입니다. 참여정부는 역시 평화를 지향하는 정부입니다. 국민의 정부하고 똑같습니다. 좀 다른 게 있어야 하는데 통합주의를 하나 합시다.

지금도 사인을 해 달라고 하면 '사람 사는 세상'이라는 문구를 씁니다. 계속 애용하고 있습니다. 사람 사는 세상에 참여정부의 핵심 사상이 담겨 있다고 생각합니다. 사람이 사람으로 대접받는 사회, 이것은 자유와 평등, 인권과 민주주의를 포함하는 개념이라고 생각합니다.

더 중요한 것은 사람이 사람 노릇하고 사는 사회입니다. 도리를 다하는 인간, 주권을 행사하는 국민, 이것이 저는 사람 노릇이라고 생각합니다. 이렇게 말하니까 제가 제일 무서워하는 사람이 '그러면 지금은 대한민국이 사람 사는 세상이 아니요?' 이렇게 시비를 겁니다. 제가 무서워하는 사람이 누군지 아시죠? 지금도 우리 집에 있습니다. 조선일보 보고 매일 훈수하는 사람입니다. 이것은 시장경제를 강조하지만 그러나 시장만능주의, 경제제일주의에 대한 경계를 늦추지 말자는 뜻을 가지고 있는 것입니다. 시장은 사람을 위한 시장이어야 하고 경쟁은 사람을 위한 경쟁이어야 합니다. 성장도 마찬가지입니다. 그래서 공동체의 근본적인 지향점을 저는 그렇게 표현했습니다.

보수가 무엇이며 진보는 무엇인가. 보수는 강자의 사상, 기득권의 사상입니다. 각자의 삶은 각자의 노력의 결과이므로 강자의 기득권을 보호하고 강자의 자유를 보장하여 강자가 주도하는 대로 따라가면 모두 좋아진다는 생각이 보수의 기본적인 생각입니다. 경쟁시장을 넓히기 위하여 개방을 하자고 하면서 약자에 대한 국가의 보호나 지원에는 반대합니다. 힘에 의한 질서를 강조하며 갈등은 힘으로 제압하고자 합니다. 힘에 의한 평화를 주장하며 대외적으로는 대결주의를 주장합니다. 그래서 냉전적 정책을 좋아하는 것이지요.

진보란 무엇인가. 힘 있는 사람이 누리는 권력을 약자도 함께 누리도록 하기 위해 힘 없는 사람의 연대와 참여를 중시하는 생각입니다. 시장경제를 필요한 것으로 인정하나 시장의 한계와 실패를 주목하고 이를 보완하기 위한 국가의 역할을 요구합니다. 개방을 반대하고 대외정책은 평화주의를 지향합니다. 보통 그렇다는 것입니다. 그러면 보수는 연대하지 않는가, 연대합니다. 은밀히 유착하지요.

국민의 정부, 참여정부의 진보는 민주노동당의 진보와 어떻게 다른가. 실현 가능한 대안이 있는 정부입니다. 현실에서 채택이 가능한 대안, 그리고 타협이 가능한 수준으로 정책을 만들고 현실에 적용할 대안을 만듭니다. 법으로 고용을 만들 수 있습니까? 법으로 정규직을 만들 수 있습니까? 만사를 법으로 해결할 수는 없는 것입니다. 세상 돌아가는 이치에 맞는 정책이라야 그 정책이 성공할 수 있는 것입니다. 현실 돌아가는 이치에 맞도록 진보적 정책을 쓰자, 이것이 민주노동당과 다른 것이지요.

재원 조달이 가능한 정책이라야 합니다. 예산의 구조조정도 한계가 있고, 세금을 함부로 만들고 올릴 수도 없습니다. 그래서 현실에 적용 가능한 진보, 그러니까 실용적 진보입니다. 시장친화적인 진보입니다. 시장주의의 본질에 반하는 정책은 실현되기도 어렵고 억지로 실현하려고 해도 오래가지 못하고 왜곡이 발생해서 실패합니다. 그래서 시장친화적인 정책, 그리고 시장과 조화를 이룰 수 있는 정책을 제공합니다.

개방 지향의 진보입니다. 개방의 문제를 이념의 문제로 볼 이유가 없다고 봅니다. 그래서 능동적 개방주의를 채택하고 있는 점이 기존의 진보와 좀 다릅니다.

배타하지 않는 자주입니다. 반미, 이것 또한 사대주의라고 말씀드렸습니다. 미국을 배타적으로 배척할 이유는 없습니다. 바로잡을 것만 냉정하게 바로잡아가면서, 또 바로잡고 고칠 것은 고

치되 한꺼번에 마음 상하게 해서는 좋은 일도 없고 또한 다 성취할 수도 없습니다. 힘도 없으면서 오기만 가지고 다 되는 일은 아닙니다. 그래서 합리적으로 대응해 나가는 자주의 노선이 필요합니다. 대화하는 진보, 타협하는 진보입니다. 대화와 타협은 민주주의의 요체입니다.

비타협 노선은 근본주의, 절대주의에 근거한 투쟁전략입니다. 절대주의 비타협 노선은 민주주의가 아닙니다. 상대주의와 관용의 원리에 반하는 것입니다. 그리고 비타협 노선이 가끔 승리에 집착해서 책략에 매몰되거나 극단적인 전향을 하기도 합니다. 지금 한나라당에 그런 사람이 꽤 있지요.

그래서 우리는 열린우리당의, 참여정부의 진보를 합리적 진보 또는 실용적 진보, 유연한 진보 등으로 표현하고 있습니다. 언젠가는 어느 것 하나를 적절하게 채택해야 될 것이라고 생각합니다. 국민들이 받아들이는 느낌이 맞아야 되는 것이기 때문에 써보면서 채택해 가야 할 것입니다. 그래도 어느 때 결정해서 계속 반복해서 쓰면 그것이 국민들에게 정착될 수도 있습니다. 합리적 진보가 가장 포괄적인 용어가 아닌가 저는 그렇게 생각합니다.

중도와 실용은 뭐가 다른가. 중도라는 개념은 적절하지 않다고 생각합니다. 진보와 보수의 중간에서 어정쩡한 정책을 결정하는 것이 아니라 진보정책과 보수 정책을 실용적으로, 필요할 때마다 적절하게 쓸 수 있는 것이 합리적 진보이기 때문에 중도라는 개념은 맞지 않는 것 같습니다.

다만, 진보지만 극단적이지 않다는 뜻으로 중도 진보라는 말이 있는데, 그냥 중도라고 말하는 것은 좀 안 맞는 것 같습니다. 어떻든 고전적인 진보의 노선이 오늘날 사회투자이론 등으로 발전했다고 해도 이는 여전히 진보일 뿐 중도의 길이라고 하는 것은 맞지 않는 것 아니냐 그렇게 생각합니다. 그래서 우리는 실용적 진보, 합리적 진보라고 표현하는 것이 적절하지 않을까 생각합니다.

논리적 설명을 위해서 부득이 쓸 수밖에 없는 가정으로, 만일 한나라당이 정권을 잡으면 어떤 일이 생길까. 민주주의의 일반 원리로 보면 정부는 왔다 갔다 해야 합니다. 그럴수록 민주주의가 점차 발전하는 것이지요. 그런데 막상 그렇게 되면 어떤 일이 생길까 생각해 보니까 이게 좀 끔찍해요. 한나라당이 무슨 일을 할까, 이것을 예측하자면 한나라당의 전략을 보아야 되는데 한나라당의 전략이 무엇인지 알 수가 없습니다. 책임 있는 대안을 내놓는 일은 거의 없고 앞뒤가 맞지 않는 주장과 행동, 말과 행동이 다른 주장이 너무 많아서 종잡을 수 없습니다.

그동안 참여정부의 정책 중에 한나라당이 반대하거나 흔들지 않는 정책은 거의 없습니다. 그러나 끝까지 반대한 정책도 거의 없습니다. 정부정책이 나오면 온갖 이유를 들고 나와서 반대하고 흔들고 하다가 막상 정책을 심의하고 표결할 때는 슬그머니 물러서서 찬성표를 던집니다. 그리고 아무 일도 없었던 것처럼 행동합니다. 반대를 위한 반대, 흔들기 위한 반대를 한 것이지요. 그 결과 대부분의 정책들은 참여정부의 정책대로 가고 있습니다. 결국 아까운 시간만 낭비하게 만들어서 정책의 효과만 죽여 버린 것이지요. 참으로 무책임의 모범을 보여 주고 있습니다.

요즘 그 당 후보들의 공약을 보아도 창조적인 전략이 별로 보이지 않습니다. 한마디로 부실하다는 생각이 듭니다. 막연하게 경제를 살리겠다, 경제 대통령이 되겠다, 이렇게 말하는 것은 전략이 없는 공허한 공약입니다. 공약이라 할 것도 없는 미사여구입니다.

대운하, 열차 페리 등의 사업들을 두고 옥신각신하고 있는데 두 사업의 사업비를 다 보태 보아도 참여정부 균형발전 투자의 5분의 1도 안 되는 사업입니다. 균형발전 투자는 정부청사 건설비와 일부 기관시설 외에는 다 회수되는 것이기 때문에 재정 부담은 11조 원 정도에 그칩니다. 대운하 건설비는 단기간에 회수되지 않는 투자입니다. 민자 유치를 한다고 하나, 참여할 기업이 있을 리 없으니 하나마나한 싸움을 하고 있는 것이라고 할 것입니다. 열차 페리는 제가 2000년 해양 수산부 장관 시절에 타당성 없다는 결론을 이미 내린 사업입니다. 한다고 해도 참여정부의 물류 허브 전략에 비하면 너무 작은 사업입니다.

과학도시를 한다는데 그것은 참여정부가 법까지 다 만들어 놨습니다. 추가할 것이 있으면 도시 하나 지정만 하면 되는데 그걸 또 들고 나와서 흔듭니까? 이 정도 사업을 국가적 전략사업으로 내놓은 것이라면 좀 초라하다는 생각이 듭니다. 지금은 경제정책의 기본 원칙과 방향에 관한 전략적 공약이 나와야 할 시기이지 한두 건 개별사업 꺼내 놓고 옥신각신, 왈가왈부 할 때가 아니지요. 그렇지 않습니까?

경제는 경제정책만으로 되는 것이 아닙니다. 종합적인 국가발전전략이 중요한 것입니다. 이 시기 한국이 추구할 가치와 역사적 과제가 무엇인지를 제시하는 전략적인 공약, 공약다운 공약이 나오기를 기대하겠습니다.

그런데 한나라당은 전략은 없어도 보수의 정체성은 뚜렷합니다. 그동안 말과 행동, 정책은 왔다갔다 일관성이 없지만 한 가지는 확실합니다. 보수와 수구의 정체성입니다. 요즘 후보들의 공약을 보면 보수의 정체성이 좀 더 뚜렷해지는 것 같습니다. 강자의 권리를 제한하거나 약자의 권리를 강화하는 정책에는 일관되게 반대해 왔습니다. 복지와 사회투자는 분배정책, 좌파정책으로 일관되게 비난해 왔고 오히려 감세를 공약하고 있습니다.

법인세 감세를 주장하고 있습니다. 얼른 계산해 봤는데 법인세 세수가 연간 6조 8천억 원이 감소하게 되어 있습니다. 이 세금 어디서 거둘 것입니까? 이만큼 세출을 줄일 것입니까? 빚을 낼 것입니까? 저하고 토론 한번 해야 되는데 이게 자리가 있어야 물어보지요. 저는 그만큼 복지 재정이 어려워질 것이라고 생각합니다.

84%의 기업은 이 정책과는 아무 관계가 없고, 나머지 중에서 일부는 조금 도움이 될 듯 말 듯하고 이익을 많이 내는 엄청나게

큰 기업들만 왕창 이익을 보게 되어 있습니다. 옛날에 미국에서 부시 대통령이 상속세 폐지하겠다고 하니까 미국의 엄청난 부자가 참 혐오스럽다, 이렇게 말했다지요? 우리나라에도 그런 부자가 있기를 바랍니다.

부동산 세금까지 자꾸 건드려요. 1991년에 1억 8천만 원 주고 강남에 아파트를 사서 그것을 11억 원에 팔아 9억여 원을 남긴 사람에게 양도소득세가 얼마 나옵니까? 6,800만 원입니다. 9억 2천만 원 남긴 사람이 양도소득세 6,800만 원 낸다고 두려워서 '나 집 못 팔겠다.'고 합니다. 안 팔면 되는 거죠. 그거 팔 수 있도록 꼭 국가가 무슨 배려를 해 줘야 되는 것입니까? 세율 7.5%인데 그걸 해 줘야 됩니까? 참, 정책이라는 게 어렵지요. 어려우니까 자꾸 속인단 말이지요.

균형발전은 아까 말씀드렸고요. 자유시장의 개념이 다르다는 것도 제가 말씀 드렸습니다. 어떻든 공정한 경쟁과 투명성을 위한 개혁에는 반대하고, 출자총액 제한제도·집단소송 반대하고, 사학법 개정도 반대합니다. 공정거래위원회가 중요하거든요. 출자총액제한제도를 완화했기 때문에 사후 감시를 철저하게 할 수 있어야 하는데 여기에 확실한 권한을 주어 감시를 할 수 있게 해 줘야 되는데 반대합니다. 지금도 한시적으로 조금 늘려 놨습니다. 금융정보요구권인가 해서 조금 늘려 놨는데, 확실하게 해 주면 좋지 않겠습니까? 참여정부는 공정위에 확실하게 하라고 인력을 많이 지원했습니다. 소비자보호원도 그 쪽에 붙여 주고 인력을 상당히 많이 늘려 줬습니다. 연구소도 만들게 했는데, 참여 정부 와서 공무원 숫자만 늘린다고 합니다. 공정거래위원회 일이 늘어나는데 그럼 공무원 숫자 안 늘어나면 누가 공정위 합니까? 할 일은 해야지요. 그렇습니다. 회사가 커지면 사원이 많아지는 겁니다.

대신 이후 공무원 남는 곳에 공무원들 빈둥거리지 못하게 확실하게 조직 진단하는 수준 있는 연구와 비법 개발을 행정자치부에 지시해 놓고 있어서 앞으로 그런 것은 하게 될 것입니다. 필요한 구조조정은 근거를 가지고 해야 하는 것이고 교육훈련과 배치전환, 이런 것으로 갑니다.

서울시장이 공무원 퇴출 얘기하니까 그게 아주 좋은 정책인 것처럼 했는데, 그것 보면서 제가 바로 정부는 하지 말라고 메모를 보냈습니다. 반드시 법적 절차에 의해서 해야 하고 확실하게 객관적 사실을 조사하고, 확인된 사실을 근거로 징계를 해야지, 그렇게 하면 안 됩니다. 하기는 해야 되지만 방법이 그래서는 안 된다는 것입니다. 그래서 지금 우리 정부는 새로운 방법으로 완전히 인권도 보장하고 공무원의 권리도 보장하면서도 불성실한 사람을 퇴출할 수 있는 제도를 지금 이미 하고 있습니다. 조용히 하고 있습니다.

한나라당의 민주주의에 대한 비전은 무엇인지 제가 잘 알 수가 없습니다. 민주주의의 미래에 대해서는 아무런 말도 하지 않기 때문입니다. 국가보안법, 사학법 등의 개정과 공수처의 설치,

과거사 정리 등을 반대하는 것 보면 어쩐지 민주주의에 대해서는 거부감이 있는 사람들 같아 보입니다.

참여정부더러 무능하다는 얘기를 자꾸 하고 있습니다만 그 말이 나오기 이전에 그 사람들이 했던 얘기를 가만 생각해 보십시오. 민주세력 무능론 했습니다. 지금 참여정부 무능론이라는 것은 민주세력을 싸잡아서 비하하기 위한 전술이지요, 책략입니다. 그러면서 무능보다는 부패가 낫다고 말합니다. 이런 망발이 어디 있습니까? 그런 생각을 하는 사람은 부패하고 무능한 정부를 만들 것이다, 이렇게 생각합니다.

어떻든 한나라당은 우리 민주주의가 너무 많이 왔다고 생각하고 있는 것 같습니다. 이건 확실합니다. 정치를 개혁하겠다는 공약도 없습니다. 정말 우리 정치에 개혁할 일이 없습니까? 참여정부가 다 해결해 버려서 너무 많이 와 버려서 돌아가자는 얘기입니까. 그렇습니다. 공천헌금 예방을 위한 정책은 한나라당이 내놔야지요. 자기들이 저질렀으니까요.

이 사람들이 정권을 잡으면 지역주의가 강화될 것입니다. 공천헌금은 지역주의의 결과 아닙니까? 지역주의가 공천을 이권화해 놨기 때문 아닙니까? 그래서 지역주의가 강화되고 부패정치, 낡은 정치가 되살아날 것입니다. 부패정치, 낡은 정치를 하는 정부는 볼 것 없이 무능한 정부가 될 수밖에 없는 것입니다.

일부 언론과 한통속이 되어 있습니다. 어제 한나라당 원내대표는 노 정권이 언론과 싸움을 벌여서 친노 세력을 결집하고 있다, 이렇게 논평했습니다. 이것은 며칠 전에 조선일보 1면 머리 기사 제목 그대로입니다.

반대로 한나라당이 한마디 하면 그대로 신문 제목이 되는 경우도 부지기수입니다. 물론 일부 언론의 일입니다. 후보들이 화끈하게 언론의 역성을 들고 나왔습니다. 참으로 시대에 역행하는 공약을 이처럼 화끈하게 할 수 있을까, 참으로 용기 있는 사람들입니다. 무식한 사람이 용감하다고 했던가요? 정말 한나라당이 집권하면 우리 언론에는 어떤 일이 일어날까 눈을 감지 않아도 눈에 선합니다.

기자실이 살아나고, 돈봉투가 살아나고, 청탁이 살아나고, 띄워 주기, 덮어 주기, 권언유착이 되살아나고, 가판이 되살아나고, 공직사회는 다시 언론의 밥이 되고, 공무원의 접대 업무도 되살아나고, 자전거일보, 비데일보가 되살아날 것입니다. 그렇게 되면 언론 자유가 신장되고 국민의 알 권리가 보장되는 것입니까? 권언유착이 부활하면 민주주의는 후퇴합니다. 그러면 피해자는 국민이 됩니다.

한나라당이 개헌을 반대했습니다. 말을 뒤집은 것이지요. 논의조차 거부하다가 마지못해 개헌을 하겠다고 약속했는데 후보들은 아무 말도 하지 않고 있습니다. 당론으로 약속한 것을 깔아뭉개겠다는 심산인 것 같습니다. 그래도 언론들은 모른 척할 것입니다. 지난번에 언론도 개헌문제를 덮어 버리는 데 공모했으니까 새삼 들고 나오기가 민망스럽겠지요. 지켜볼 일입니다. 두 눈

부릅뜨고 지켜볼 일입니다.

지금이라도 개헌을 해 놓고 대통령이 되면 대통령다운 대통령 직을 수행할 수 있을 것인데, 우선 대통령 되는 데 급급해서 대통령이 되고 난 이후의 일은 생각할 겨를이 없는 모양입니다. 적어도 노무현 대통령은 후보 때 그렇게 하지 않았습니다.

아무런 역사의식도 비전과 전략도 보이지 않습니다. 집권 가능성이 가장 높다는 당과 후보가 이 모양이니 그 사람들이 집권하면 나랏일도 걱정이고, 힘없는 사람들의 일은 더욱 걱정입니다.

이제 민주세력의 당면한 과제는 무엇일까요? 당면한 일은 대통령 선거입니다. 선거에서 가장 중요한 것은 구도입니다. 일 대일의 구도를 만들어야 합니다. 당은 합치지 않고 후보만 단일화하는 방법과 당을 하나로 합치는 방법이 있을 수 있습니다. 평가는 마찬가지입니다. 가능성이 높은 방안, 후유증이 없는 방안을 선택하는 것이 좋겠지요.

과거의 경험을 보면 선거 때가 되면 당이 갈라지는 것을 보았습니다. 같은 이유로 당을 합치는 건 참으로 어려운 일이라는 사실을 잘 알아야 합니다. 우리 역사에 그런 일이 있는지는 미처 조사해 보지 못했습니다. 제 기억에는 없습니다.

그래서 1997년과 2002년에는 당을 합치지 않고 그냥 단일화해서 선거에 승리 했습니다. 후보를 단일화하기 위해서는 대세를 만들고 쏠림을 만들어야 합니다. 쏠림은 국민들이 만들어 줍니다. 쏠림이 생기지 않으면 이제 그때 후보가 결단을 내리는 것이지요. 2002년에는 제가 그렇게 한 거 아닙니까? 그런데 열린 우리당 일부가 당 해체를 주장하고 탈당해서 세력을 갈라놓았으니 쏠림을 만들기가 참 어렵게 됐습니다.

앞으로 통합이 되고 호각을 이루는 양당의 후보가 각기 올라타는 일이 있다면 통합을 만들기도 어렵게 될 것이고 쏠림을 만들기도 어려워지지 않겠습니까? 당 해체를 주장해 온 사람들, 그리고 탈당한 사람들, 그리고 지금도 오로지 대통합에 매달려서 탈당으로 대세를 몰아가려는 사람들의 전략은 소위 외통수 전략입니다.

그런데 그다지 확률이 높지 않은 어려운 일을 외통수 전략으로 채택하는 것은 매우 위험한 것입니다. 외통수 전략은 실패할 경우에 다른 선택이 불가능합니다. 일반적으로 당의 통합이라는 것은 매우 어려운 얘기입니다. 더욱이 대선을 앞두고 후보가 되려는 사람의 복잡한 계산이 개입될 경우에 당의 통합은 더욱 어렵습니다. 이런 사실을 경험해 본 사람이라면 이런 어려운 일을 외통수 전략으로 채택하지는 않을 것입니다. 그런데 그들은 외통수 전략을 채택하고 밀어붙이고 있습니다. 그야말로 경험이 없는 탓이 아닌가 싶습니다.

잠깐 기다리십시오. 그렇다고 제가 대통합을 반대한다고는 듣지 마십시오. 그리고 쓰지도 마십시오. 다음을 읽겠습니다. 그러나 이제 엎질러진 물입니다. 다만 지금이라도 외통수만 믿고 시간을 다 허비해 버리는 어리석은 일을 피해야 한다고 생각합니다. 대통합과 후보 단일화를 병행하여 추진해야 합니다. 대통합을 위하여 노력은 하되, 빠른 시일 안에 통합이 되지 않으면 후보를 내세워서 대세 경쟁을 하면서 대통합과 후보 단일화를 계속 추진하는 것이 보다 안전한 전략이 될 것입니다. 시간이 그리 많이 남지 않았거든요.

이런 일을 하는 데는 후보가 되고자 하는 사람들이 중요합니다. 후보가 되기 위해서 당을 깨자고 하거나 탈당을 하는 것은 반칙입니다. 민주주의를 파괴하고 정치를 망치는 일입니다. 국민들이 보면 실격 처리가 될 만한 사례입니다. 마음을 비우라고까지는 하지 않겠습니다. 최소한 원칙은 지키라고 충고하고 싶습니다.

통합과 후보 단일화 다 중요한 일입니다. 그러나 아무리 바빠도 정책은 공부해야 됩니다. 이번 선거는 정책 대결이 될 가능성이 높고 정책 대결이 승부를 가를 가능성도 있습니다. 가능성이 대단히 높습니다. 정책 대결을 할 만한 중요한 쟁점이 점차 뚜렷하게 드러나고 있지 않습니까? 참으로 바람직한 현상입니다. 대통령과 각을 세우려고 하지 말고 한나라당과 각을 좀 세워 주시기 바랍니다.

저는 대통합에 찬성하고 받아들일 것입니다. 그러나 걱정이 하나 있긴 있습니다. 후보 단일화가 아니고 당이 대통합이 되었는데 혹시 그 당이 지역당 모습을 띠게 될 경우, 이후 총선이 다가오면 다시 영남과 호남에는 경쟁이 없는 안방 정치, 싹쓸이 정치가 될 것이고, 수도권 또한 지역을 내세우고 표를 모으는 전략으로 지역주의 정치를 벗어나지 못하는 상황이 올 수도 있을 것입니다.

본시 당을 통합하는 것은 총선에 적합한 전략인데, 왜 대선에서 합당 전략이 대세를 이루게 되었는지 참으로 이해하기 어렵습니다. 어떻든 지역을 내세워 표를 모으고 싶은 충동은 우리 정치를 영원히 후진 정치에서 벗어나지 못하게 하는 족쇄가 될 것입니다. 그러나 이미 어쩔 수 없는 일입니다. 통합이 되더라도 지역당이 되지 않도록 노력합시다. 그리고 그 이후의 문제는 그 다음의 문제이니 총선 때 걱정합시다.

여러분을 친노 세력이라고 부르는 사람들이 있습니다. 이것은 악의적인 호칭입니다. 교묘한 상징 조작을 하고 있는 것입니다. 우리가 계보 정치에 대한 거부감을 가지고 있기 때문에 교묘하게 여러분을 계보 정치에 결합시켜 나가려는 것이지요. 계보 정치는 이렇게 하는 것 아닙니다.

여러분의 이름은 참평포럼입니다. 대선 조직이 아니라 참여정부에 대한 부당한 중상모략에 대응하기 위한 조직이라고 생각합니다. 당이 언론과 야당의 부당한 공세에 제대로 대응해 주기라도 한다면 굳이 왜 이런 조직을 또 만들겠습니까? 그런데 여권 안에도 차별화를 전략으로 삼고 화살을 거꾸로 겨누는 사람들이 있으니 스스로를 방어하기 위해서 조직을 만들지 않을 수 없게 된 것 아닙니까?

그리고 언론은 공식적인 명칭을 사용해 주시기 바랍니다. 하나 지적해 두고 싶은 것이 있습니다. 범여권이라는 용어는 전혀 근거가 없습니다. 정부와 연대하거나 공조라도 해야 여권 또는 범여권이라고 부를 수 있는 것입니다. 한나라당과 공조도 하고 참여정부를 흔들고 비난하고 있는 사람들까지 어째서 범여권이라고 부르는지 알 수가 없습니다.

부를 이름이 마땅치 않아서 그렇게 붙였다면 제가 이름을 하나 지어드리겠습니다. '반 한나라 세력, 반 한나라 진영'하면 될 것이지요. 이것이 맞지 않습니까? 앞으로 연대가 형성되면 반 한나라 연대로 부르면 될 것입니다. 그리고 백보를 양보해서 다른 사람들은 과거의 인연이라도 있지만 손학규 씨가 왜 여권입니까? 이것은 정부에 대한 모욕이라고 생각합니다. 정확한 용어를 사용해 주시기 바랍니다.

당장은 이번 선거가 중요하겠지만 멀리 보면 우리 역사의 과제가 중요한 것입니다. 선거 과제가 어디로 가든 우리 역사는 계속될 것입니다. 이기든 지든 역사를 위해서 우리 아이들이 누려야 할 보다 아름다운 세상을 위하여 우리는 할 일을 해야 할 것입니다.

그러면 우리는 무엇을 해야 할 것인가? 답은 하나입니다. 민주주의를 제대로 하는 것입니다. 아직 우리나라 민주주의는 성숙되지 않았습니다. 더 노력해야 합니다. 앞으로 우리나라는 민주주의가 발전하는 만큼 발전할 것입니다. 다른 여러 가지도 있지만 말이지요. 단임제는 민주주의 후진국이 하는 것이거든요. 이

건 뭐 객담이고요.

왜 민주주의인가? 저는 그동안 많은 사상을 공부하고 연구도
해 보았습니다. 그리고 역사에서 많은 실험도 있었습니다. 그러
나 근대 이후에 모든 사상은 결국 민주주의로 귀착된다는 결론
에 도달했습니다. 민주주의는 인권 존중의 사상이자 기술입니다.
인간을 위한 사상, 사람 사는 세상을 위한 사상입니다. 민주주의
는 경제발전에도 가장 적합한 제도입니다. 앞서 말씀드렸습니다.
시장친화적인 제도입니다. 경쟁, 자유와 다양성, 창의성에 적합
한 제도입니다.

아주 중요한 말씀을 드리겠습니다. 민주주의는 통합의 기술입
니다. 민주주의는 분열과 투쟁으로 통합을 이루는 제도입니다.
이 모순된 얘기에 묘미가 있는 것입니다. 절대주의 또는 전제왕
권의 시대에는 반대를 용납하지 않기 때문에 결국 죽고 죽이는
반란이 일어나고 혁명이 일어나고 전쟁을 했습니다. 공존을 할
수 없는 것이지요. 그래서 결국 궁극적으로 통합이 이루어지지
않는다는 것입니다.

반면에 민주주의는 분열하지만 분열해서 규칙에 따라 싸우고
결국 같은 결론에 도달할 수 있기 때문에 '분열로 통합하는 기술
이다', 이렇게 이름을 붙여서 명제를 한번 만들어 보았습니다.

민주주의는 상대주의 사상에 기초하고 있습니다. 상대주의는
관용과 다양성을 인정하고 존중하는 사상입니다. 민주주의 절차
는 상호 인정과 토대 위에서 대화와 타협, 경쟁과 승복, 그리고

재도전의 기회 보장을 통해서 이견과 이해관계를 통합하는 상생의 정치기술입니다.

통합의 실질적 조건은 갈등을 예방하고 해소할 수 있는 사회입니다. 그러자면 복지와 기회의 균등이 필요하고 이런 사회를 만들려면 연대의 사상과 계층 간, 집단 간 세력 균형이 필요합니다. 지역 간 세력 균형은 아닙니다. 왜냐하면 계층 간, 집단 간의 갈등은 대화와 타협으로 제3의 결론을 얻을 수 있습니다. 통합의 결론을 낼 수 있습니다. 그러나 지역 간 대결은 정서의 토대 위에 있고 논리가 없기 때문에 중간에서 타협할 수 있는 방법은 없습니다. 그러므로 계층 간, 집단 간에 세력 균형은 필요합니다.

어떻든 이와 같은 통합의 실질적 조건에 관한 인식은 진보의 사상과 일치합니다. 그래서 민주주의가 제대로 되려면 그것은 진보주의라야 한다고 생각합니다. 결국 민주주의는 진보의 사상으로 귀결됩니다. 자유·평등·인권·국민주권 사상을 명실상부하게 실천하면 그것은 결국 진보의 사상이 됩니다.

진보란 무엇인가? 왕과 귀족이 누리던 권리를 보통 사람들이 일반적으로 누리는 사회로 인권이 확대되어 나가는 과정을 진보라고 항상 말해 왔습니다. 책에는 어떻게 쓰여 있는지 모르지만 저는 그렇게 말해 왔습니다. 다만 진보의 전략이 비타협적 투쟁만을 고집하는 근본주의로 가면 결국 극단주의로 되어서 민주주의의 궤도를 벗어나게 됩니다. 상대주의의 궤도를 벗어나게 되는 것이지요.

민주주의는 평화의 기술입니다. 이것은 칸트라는 분이 하신 말씀입니다. '민주주의는 국민의 의사를 존중하는 제도이고, 국민은 전쟁을 원하지 않는다. 그러므로 민주주의를 하면 평화가 이루어진다.' 이것이 칸트의 평화론입니다. 그런데 칸트가 생각했던 그 민주주의는 고도의 민주주의였다고 생각합니다. 아직 어느 나라에도 실현된 적 없는 더 성숙한, 더 고도화된 민주주의라야 바로 이것이 가능할 것이거든요. 우리 한국에서 한번 만들어 봅시다.

민주주의 사상의 기본은 인간의 이성, 박애사상에 기초한 공존의 지혜입니다. 사람 사는 세상의 가치와 전략을 포괄하고 있는 바다와 같은 사상입니다. 민주주의는 완전한 사상인가? 민주주의에 대한 반대는 허용되지 않는가? 예, 허용되지 않습니다. 민주주의를 완전한 사상이라고 말하는 것은 상대주의 사상 자체에 모순되는 명제입니다. 바로 그 상대주의가 민주주의의 완전성을 뒷받침하고 있는 것입니다. 변화의 가능성을 내재하고 있는 관용성 때문에 민주주의는 완전할 수 있습니다.

신의 진리와 그 절대성을 주장하는 사람들이라도 신의 진리를 인식하고 해석하고 전달하는 사람의 능력과 품성이 완전하지 못하다는 사실만 인정하면 민주주의의 상대성을 수용하는 데 아무 지장이 없습니다. 그래서 하나님을 믿는 분들께서 왜 자꾸 상대주의라고 하느냐, 이렇게 생각 안 하셔도 괜찮다고 생각합니다. 객관적인 진리는 존재할 수도 있고, 안 할 수도 있습니다. 그러나 사람의 인식 능력은 분명히 절대적이어야 한다는 것을 인정해야 또한 민주주의를 할 수 있는 것이라고 생각합니다.

민주주의는 진화와 발전을 계속하고 있습니다. 당초 민주주의는 혁명과 쟁취의 시대에서 출발했습니다. 전제권력으로부터의 자유, 군주제 왕권과 독재에 맞선 인권을 위한 투쟁, 민주주의를 위한 투쟁, 투쟁이 민주주의에 본분인 시대였습니다. 이 시대는 자유와 평등의 사상, 국민주권 사상이 민주주의에서 가장 중요한 요소, 핵심적 요소이고 저항권 사상이 많이 존중되고 있습니다. 이 시기 민주주의제도는 대의제도와 법치주의 정도였습니다.

그런데 그 뒤에 혼란과 공포 정치, 그리고 제정의 등장과 몰락, 프랑스에서 이와 같은 실험을 많이 거친 다음 이제 민주주의가 승리했습니다. 그 이후에 시민 민주주의와 대중의 소외가 발생했습니다. 이것은 공화정의 수립, 국민주권의 시대가 열렸지만 권력에 대한 불신, 또 권력으로부터의 자유 때문에 자유가 민주주의의 본질이 되었고 따라서 민주주의의 핵심은 권리장전, 법치주의와 같은 인권의 제도화에 있었습니다. 그래서 권력 간의 견제와 균형, 권력분립, 사법권의 독립 같은 제도가 중시되었습니다.

어쨌든 시민 민주주의 시대에서 끊임없는 시행착오를 거치면서 제도가 발전해 왔습니다만, 유산계급의 지배와 대중의 소외 문제를 해결하지 못합니다. 그 이후 무산계급이 등장하고 그로 인한 한바탕 소용돌이와 시행착오를 겪은 다음에 다시 민주주의가 확대 발전된 역사를 거쳤습니다. 유산계급의 지배와 지배에 대한 계급 투쟁이 등장했고 그에 따라 한쪽은 사회주의 혁명과 공산독재로 가고, 한쪽은 사민주의 체제로 갔지만 그 혼란을 극복하지 못하고 파시즘의 등장을 허용할 수밖에 없었습니다. 그 이후 파시즘은 진작 몰락했고 공산주의는 한참 있다가 무너져버렸습니다.

이런 과정에서 선거권은 확대되고 국민 주권은 더욱 확대되었으며 민주주의는 아주 장족의 발전과 성장을 했습니다. 그래서 이제 보통선거가 보편화되고, 보수와 진보가 각기 당을 만들어서 경쟁하는 비교적 성숙한 민주주의가 된 것입니다.

그런데 정당의 등장과 견제의 원리에 변화가 있었습니다. 견제의 본질은 정당간의 경쟁에 있는 것이고 임기가 있고 교대된다는 것이 가장 강력한 견제이기 때문에 오늘날 견제를 위해서 정부와 국회를 분리시켜야 된다, 이원화시켜야 된다, 말하자면 정부의 반대당에게 국회의 다수당을 만들어야 된다고 하는 것은 시대에 맞지 않습니다. 과거 근대 초기 민주주의 시대의 이론을 오늘날 그대로 쓰는 것은 맞지 않습니다. 이것은 나중에 따로 또 우리가 논의를 해야 될 것입니다만 책임지고 일하게 하고 그 다음에 선거로 심판하는 것이 가장 확실한 견제인 것입니다.

다시 돌아가서 이제 민주주의가 더욱 발전해서 대화와 타협의 민주주의가 실현되는 나라들이 성숙한 민주주의를 가지고 있다고 볼 수 있습니다. 지금 연정을 하고 있는 나라들의 민주주의가 대개 우리 민주주의보다는 한 단계 높은 민주주의라고 말할 수 있을 것입니다.

민주주의 장래에는 어떻게 될 것인가? 민주주의가 성숙하면서 국민들은 점차 정치와 민주주의에 무관심해지기 시작하고 있습니다. 이런 현상을 이른바 '적이 사라진 민주주의'라고 합니다. 말하자면 파시즘도 한물가고, 공산주의도 한물가고, 냉전도 한물가고, 따라서 안보적 대결도 한물가고 나니까 민주주의의 적이 없고 국민정치에도 별 적이 없는 것 같습니다. 그래서 사람들은 오로지 먹고사는 경제 문제에 매몰되고 개인의 취미생활이나 소시민의 행복에 매몰돼 가고 있는 것이지요.

그러면 태평성대가 이루어졌는가? 그렇지는 않습니다. 아직도 민주주의의 위기는 여전히 존재하고 있습니다. 민주주의는 실제로 여론의 지배가 될 가능성이 대단히 높습니다. 여론은 언론이 지배하고, 언론은 시장을 지배하는 세력이 지배하는 것입니다. 지금 민주주의는 가치의 위기에 처해 있습니다. 정치는 가치를 추구하는 행위이지만 시장은 이익을 추구하는 것입니다. 이 시장이 우리 정치를 지배하게 됐을 때 가치의 위기가 발생하는 것입니다.

시장을 지배하는 사람의 정통성은 어디서 비롯되는가, 어디에 근거하고 있는가, 언론의 정통성은 어디에 근거하고 있는가. 그저 돈이 많은 것 외에는 다른 정통성이 없지 않습니까? 권력이 시장과 언론에게 분산되고 그 권력이 확대되면서 민주주의의 정통성에 위기가 오고 있는 것입니다.

대안이 무엇입니까? 경제 문제에서 소비자 주권 이론이 나와 있습니다. 참 되기 어려운 일이라고 포기해 버리는 사람들이 많은데 저는 결코 포기할 일이 아니라고 생각합니다. 소비자의 각성된 행동, 단결된 행동은 상당한 힘을 가질 수 있습니다. 시장에서 그와 같이 대처하듯이 정치의 영역에서는 역시 시민 민주주의, 시민주권운동을 해야 하는 것이라고 저는 생각합니다. 어려운 일이기 때문에 다른 대안을 아무리 찾아보려고 노력해도 나오지 않습니다. 결국 시민의 참여, 시민의 행동밖에 없습니다. 그래서 시민의 참여에 의한 참여민주주의가 답이다, 일단 저는 그렇게 답을 내고 있습니다.

노사모와 같은 운동, 시민주권운동이라는 것이 과연 될 수 있는 것인가? 굉장히 고심을 많이 했는데 오늘은 제가 '된다.' 이렇게 결론을 내리고 가겠습니다. 역사적 경험도 중요하고 논리적 판단도 중요하지만, 여러분을 보면서 느낌으로 판단하는 것도 대단히 중요합니다. 직관이 중요한 것이지요. 될 것 같습니다. 그래서 민주주의는 노사모, 민주주의의 장래는 노사모에 있다, 노사모 안 하신 분들이 섭섭해 할지 모르니까 민주주의의 장래는 참여포럼에 있다, 이렇게 말씀드리고 싶습니다. 보다 정교하고 단단한 운동으로 발전시켜 나갑시다.

한국 민주주의는 투쟁의 시대를 걸어 왔습니다. 그리고 지난 20년간 청산과 개혁을 통하여 적어도 형식적, 제도적 민주주의를 공고히 만들어 왔습니다. 이제 성숙한 민주주의, 그리고 내실이 있는 민주주의를 할 때입니다. 성숙한 민주주의는 대화와 타협, 그리고 통합의 민주주의를 말하는 것입니다. 내실이 있는 민주주의는 바로 진보적 민주주의를 뜻하는 것입니다. 가장 중요한 것은 통합의 민주주의입니다. 지역주의 극복, 협상 민주주의와 같은 여러 가지 이름이 붙는 그런 대화와 타협의 민주주의입니다. 통합의 전략이 또 필요하겠지만 어떻든 지금 단계의 과제는 그렇습니다.

민주주의 위기, 일반적 민주주의 위기에 대응해서 우리는 성숙한 민주주의, 진보적 민주주의, 통합의 민주주의라고 할 수 있는 새로운 민주주의를 준비해야 합니다. 그 새로운 민주주의가 바로 노사모 얘기입니다. 조금 전에 말한 것은 세계적 차원에서 민주주의의 보편적 위기에 대한 보편적 대응으로 노사모를 말씀 드렸던 것인데, 한국 민주주의의 과정에서도 또 한번 참평포럼을 한다, 이렇게 결론을 내리겠습니다.

무엇을 어떻게 할 것인가? 주권자로서 책임을 다합시다. 옛날에는 왕이 똑똑해야 나라가 편했습니다. 지금은 주권자가 똑똑해야 나라가 편하지 않겠습니까? 추종하는 시민에서 참여하는 시민으로 스스로의 위상을 바꿉시다. 그리고 시민은 선택합니다. 선택을 잘하는 시민, 그래서 지도자를 만들고 지도자를 이끌고 가는 시민이 되어야 합니다. 여러분이 없으면 제가 지금 엄청 구박을 받을 것입니다. 막판에도 대통령 짱짱하게 하고 가는 것이 다 여러분 덕분 아닙니까? 자, 이제 한걸음 더 나아갑시다. 지도자와 시민은 따로 있는 것이 아닙니다. 크고 작은 단위에서 많은 지도자가 있을 수 있습니다. 우리 모두 지도자가 됩시다.

지도자가 되기 위한 조건과 지도자의 자질을 잠시 한번 훑어보겠습니다. 우선 제일 나쁜 정치인이라도 정치인이 되는 조건, 그것은 정치력이 있어야 합니다. 말재주가 있어서 연설·대담·토론·선전·선동에 설득력이 있어야 합니다. 좋은 말이든 나쁜 말이든 잘하면 됩니다.

조직력이 있어야 합니다. 사람을 모으고 조직하고 이해관계를 나누기도 하고 대의를 나누기도 하고 조직하고 통솔해야 합니다. 두 사람이 모여도 한 사람이 통솔을 해야 하거든요. 세 사람이 모여도 통솔해야 하고, 네 사람이 모여도 통솔자가 있어야 합니다. 통솔해야 합니다. 통솔자의 조건은 뭐냐? 보스형·장악력, 이런 얘기들을 하는데 조건은 여러 가지가 있습니다. 그러나 가장 중요한 것은 잘 아는 사람입니다. 이것만 있으면 일단 지도자인 척하고, 지도자 자리에 갈 수 있습니다. 그런데 지도자 중에는 사람을 죽이는 지도자도 있고 사람을 살리는 지도자도 있습니다. 지도자를 잘못 따라가면 낭패 보는 수가 있습니다.

그래서 판단력이 있는 지도자를 만나야 합니다. 여러분이 지도자가 될 때 판단력 있는 지도자가 되어야 합니다. 판단력 있는 지도자는 작은 지식에서부터 출발합니다. 지혜도 발전해야 되는 것이지요. 그래서 해박한 지식과 지혜가 있어야 합니다. 그 지혜를 가지고 관념적으로 앉아서 판단할 것이 아니라 현실에 굳건

히 뿌리를 내리고 전략적으로 사고할 줄 아는 소위 전략적 사고력이 있어야 합니다. 통찰력이 있어야 합니다. 사물의 이치에 대한 사고를 통해 자기 가치를 뚜렷이 할 수 있고, 역사와 세기의 흐름을 읽고 전략적인 판단을 할 수 있는 능력, 이것을 저는 통찰력이라고 말하고 싶습니다. 이것은 때때로 예언의 능력으로 나타나서 민족을 구원하는 경우도 있지요. 판단력이 가장 높은 수준은 예언자적 능력을 가지게 되는 것입니다.

성격이 맞아야 됩니다. 성질 좋다, 이런 것이 아니고 지도자적 성격이 맞아야 합니다. 이것을 안 가진 사람한테 줄 잘못 서면 이것도 또 낭패를 봅니다. 남을 잘못 인도하는 것이 아니라 자기가 성공하지 못하기 때문입니다.

강한 소신과 신념을 갖춘 확신형 인간이라야 됩니다. 물론 절대주의는 안 됩니다. 지각없이 확신을 가지면 안 되고 통찰력 있는 확신, 타인의 위협이나 유혹을 이겨 낼 수 있는 용기, 마음속으로부터 솟구쳐 나오는 유혹을 이겨 낼 수 있는 용기가 있어야 합니다. 그리고 적시에 결단할 줄 아는 결단력이 있어야 합니다. 결단만 하면 뭐합니까? 행동해야지요. 금방 결단했다 해 놓고 그다음 날 '아이고, 안 하겠습니다.' 이러면 안 됩니다.

그런데 더 밑에 그야말로 정치인이 아니고 지도자로서 합당한 품성이 있어야 합니다. 이 품성을 갖추면 좋은 지도자가 되는 것이지요. 지금 제가 설명한 순서는 나쁜 지도자부터 점점 좋은 지도자로 가고 있습니다. 별 볼일 없는 지도자에서부터 점차 좋은 지도자로 가고 있는 것입니다.

성실해야 합니다. 정직하고 부지런한 것을 보통 우리가 성실하다고 얘기합니다. 정직한 사람도 성실하다고 말하고 부지런한 사람도 성실하다고 말합니다.

정치인에게, 지도자에게 가장 중요한 덕목은 공정입니다. 옛날에 성공한 지휘자는 노획물을, 전리품을 공정하게 나눌 줄 아는 사람이었습니다. 아무리 성질이 좋아도 공정하지 못하면 지도자로서 성공할 수 없습니다. 절대로 많은 추종자를 아우를 수가 없습니다.

헌신해야 합니다. 헌신적인 품성을 가지고 있어야 합니다. 물론 절제해야 됩니다. 왜냐하면 자루 속에 칼을 쥐고 있기 때문에 절제해야 됩니다. 뭔가 좀 챙길 수 있는 기회도 있기 때문에 절제해야 되는 것입니다.

신뢰성이 있어야 됩니다. 남을 신뢰할 줄도 알고 또 남으로부터 신뢰받는 사람이어야 합니다. 신망이 아주 중요한 것입니다. 그러기 위해서 일관성이 있어야 합니다. 사람을 딱 쳐다보면 믿음이 가는 사람이 있고 안 가는 사람이 있는데, 잔머리를 복잡하게 굴리는 것은 신뢰성에 아주 해롭습니다. 얼굴 표정에 나타나거든요. 신뢰성, 책임성이 있어야 합니다. 끝까지 책임을 다해야 합니다. 지금 제가 언론개혁 끝까지 하고 있지 않습니까?

이런 품성으로 다 설명할 수 없는 것이 있습니다. 설명할 수 없는 말을 한마디로 묶어서 말하면, 사람이 되어야 됩니다. 따뜻한 사람이 되어야 합니다. 나하고 가까운 우리에게만 따뜻한 사람이 아니라 넓은 우리에게 따뜻한 사람이 되어야 합니다. 그런데 이 점에서 저는 자신이 없습니다. 제 스스로가 사람으로서 얼마만큼 느낌으로 사람답다는 인정을 받고 있는 것인지 모르겠습니다. 사람이 된다는 것은 정말 어려운데, 그런 노력을 하는 자세라도, 때때로 되돌아보는 자세라도 우리가 가지고 자신을 다듬어 나가면 그래도 많은 사람을 모을 수 있는 사람이 되지 않을까 그렇게 생각합니다. 따뜻한 사람은 분노가 있는 사람이지요.

사람이 되기에 앞서서 바보가 됩시다. 제가 바보 전략으로 완전히 성공한 사람 아닙니까? 하여튼 여기 성공의 증명이 있으니까요. 누가 바보냐? 이해관계를 셈 할 줄 모르는 사람을 우리가 보통 바보라고 하거든요. 말귀는 잘 알아듣는데, 손해나는 일을 부득부득 하는 사람, 이게 바보지요. 당장 가까이 눈앞을 보면 이익이 따로 있고 대의가 따로 있습니다. 그런데 멀리 보면 대의가 이익입니다. 그래서 눈앞의 이익을 볼 줄 모르는 바보가 되자는 것입니다. 앞으로 우리는 손해나는 일만 계속합시다. 그렇게 사람을 모아 봅시다. 함께 토론도 하고 공부도 합시다. 그리고 스스로 지도자가 되려고 노력합시다.

전략적 사고가 필요합니다. 대세가 반드시 나쁜 것은 아닙니다. 대의로 대세를 이룰 수도 있습니다. 때로는 이익이 대세를 이루는 경우도 있습니다. 그래서 대의와 대세가 서로 충돌할 때 어떤 선택을 할 것이냐 하는 것이 전략적 판단의 핵심입니다. 가장 중요한 것입니다. 어떤 때에는 대세를 거부하고 대의의 깃발을 외롭게 들어 관철하고, 어떤 때는 대세를 수용하고 따라가는 것입니다. 이 판단은 민심이 합니다.

민심과 여론을 같은 것으로 생각하는데 민심은 두 가지입니다. 가까이 보는 민심, 이익을 따지는 영악한 민심이 있고, 역사와 대의를 수용하는 멀리 보는 민심이 있습니다. 용어의 혼동을 피하기 위해서 가까이 있는 것은 여론이라고 하고, 멀리 있는 것은 민심이라고 하면 좋을 것입니다. 여론 중에는 장래에 있어서 합당하다고 말할 수 있는 여론이 있고 지금은 나쁘지만 앞으로는 좋아지는 여론도 있습니다.

열린우리당이 참 안타까운 것이 이번 기자실 개혁에 관해서 원칙의 입장에 서서 한나라당과 이 문제를 가지고 각을 세워 나가면 뭔가 의지가 있는 당으로 보이지 않겠습니까? 왜 열린우리당 사람들이 대의가 없겠습니까? 그러나 눈앞의 여론이 험악한 것 같으니, 모난 돌이 정 맞는다고 또 언제 한번 볼펜에 긁힐지 모르니까 적당하게 타협하고 간 것이라고 생각합니다. 저는 적어도 국정홍보처를 폐지한다거나 하는 악수는 두지 말라고 했습니다.

우리 국민들이 그렇게 허술하지 않습니다. 국민들 정말 우습게 보면 안 됩니다. 한·미 FTA, 소수로 갔다가 결국 다수로 돌아와 버리지 않았습니까? 전시작전통제권, 우리가 소수로 밀렸습니다. 밀렸는데 결국 다 돌아와 버리지 않았습니까? 그런 것이 상당히 많이 있거든요. 그래서 뚝심이 필요한 것입니다. 그저 뚝심이 아니라 소위 통찰력을 가진 전략적 사고의 능력이 필요한 것입니다. 그래서 전략적 사고가 필요하고 민심의 해석을 잘해야 된다는 것입니다. 그리고 민주주의 훈련을 잘해야 됩니다.

무엇이 원칙이고 무엇이 전략인가? 원칙은 타협할 수 없는 것이고 전략은 타협 할 수 있는 것입니다. 이론적으로는 그렇게 말할 수 있습니다. 그러나 타협할 수 없는 원칙이라는 것은 가치 그 자체를 말하는 것입니다. 적어도 민주주의 정도의 수준을 갖춘 가치 그 자체가 타협할 수 없는 원칙인 것이고 나머지는 타협할 수 있습니다. 예를 들면 FTA 같은 경우는 타협할 수 없는 원칙이 아니라는 것입니다. 저는 이라크 파병까지 그렇게 봤습니다. 선택이 어려운 일이 있을 때 저는 그렇게 생각합니다. 타협하지 못할 원칙은 거의 없다고 생각합니다. 단지 우리가 반독재 투쟁할 때 독재와 타협할 수는 없는 것 아니겠습니까? 기본 가치의 문제, 민주주의 가치에 관한 문제니까요. 인권 탄압, 고문, 이런 것은 타협할 수 없는 것입니다.

지난번에 우리가 상향식 민주주의를 하자고 그랬는데 당 내에서 그것이 잘 받아들여지지 않고 싸움이 있었습니다. 당시에 참정연이 그 문제를 가지고 내공을 많이 익혔고 결국은 타협을 했습니다. 조금 전에도 제가 쭉 논리적으로 대통합을 할 이유가 아직은 없다, 그 부작용도 우려된다고 했지만 저는 타협했습니다. 결국 분열이라는 것이 굉장히 위험한 것이기 때문입니다. 우리 역사가 분열로 망한 것 아닙니까? 우리 역사의 비극이 있었던 모든 계기에 분열이 있었습니다. 그래서 민주주의 그 자체, 민주주의 원칙, 민주주의의 핵심적 가치 이외의 것은 타협할 수 있습니다. 그래서 저는 참정연이라든지 그런 분들이 상향식 투표권의 문제를 가지고 적절하게 타협한 것을 매우 감사하게 생각합니다. 또 그것을 타협하고 여러분이 지켜 주기 때문에 적어도 대통령이라도 이 시점까지 어디 가서 초라하지 않게 일하지 않습니까? 그 점에 대해서 고맙게 생각합니다.

당 해체라는 것이 말도 안 되는 얘기이지만 모든 것을 다 포기하고 적어도 전당대회라도 하고 합의라도 보자, 그런 수준으로 타협했기 때문에 대통합을 수용하기로 한 것입니다. 그렇습니다. 그렇게 통합하고 대세를 가지고 가야 합니다.

엘리트주의를 반드시 버려야 합니다. 여러분을 보면 저는 아무것도 불안하지 않습니다. 딱 한 가지 제가 옛날에 경험했던 엘리트주의를 여러분도 가지고 있을 가능성이 있다는 것이지요. 제가 초선 국회의원 하던 시절에 추호도 타협하지 않는 그런 원칙을 가지고 있었고 모든 사람을 좀 우습게 보는 그런 자만심을 가지고 있었습니다. 어려움을 무릅쓰고 손해 보면서, 바보 노릇 하면서 원칙을 관철하는 사람의 눈에 보통 사람들은 좀 우습게 보이지 않겠습니까? 맞습니다. 그것을 넘어서는 것이 사람이 된다는 것 같습니다.

지금 경선 조건을 가지고 샅바 싸움을 하는데 작은 계산을 넘어서고 불리한 조건을 수용하고 있지 않습니까? 제가 그랬고 지금 이명박 씨도 그런 상황이 있었지요? 그런 것이 필요합니다. 그 모든 것이 전략이 될 수 있지만, 마음속 깊이 그와 같은 전략일 때 전략을 뛰어넘을 수 있고, 원칙일 때 원칙을 뛰어넘을 수 있는 것입니다. 대신 사람을 끌어안을 수 있는 전략이 필요하다고 생각합니다.

저도 사실은 그동안 그런 역량을 발휘할 기회도 없었고 그런 수련을 할 기회가 없었습니다. 저 같은 경우에도 갸우뚱갸우뚱하면서 저울질하던 사람들이 주변에 왜 없었겠습니까? 그런 사람들에 대한 불쾌감이나 불신, 이런 것들을 다 뛰어넘어야 합니다.

장관을 지내고 나가서 감정 상한 일도 아무것도 없는데 오로지 대선전략 하나만으로 차별화하는 사람들을 보면서 내가 사람을 잘못 본 것인가, 내가 어리석은 사람인가, 그런 생각을 했는데 그렇지 않다는 것이지요. 저는 그냥 제가 할 도리를 다한 것입니다. 제가 대통령이 됐기 때문에 적어도 국정운영에 대한 기회, 경험을 쌓을 수 있는 기회를 주는 것이 도리라고 생각했습니다. 많은 사람들의 지지를 모으고 있는 사람들인데 내가 그쪽으로 민심이 몰릴까봐 견제하는 것은 할 일이 아닙니다. 저는 도리를 다한 것입니다. 그 점에 있어서는 바보가 된 것도 아니라고 생각합니다.

제가 도덕적으로 나쁜 일을 한 일이 없고 또 국가전략, 국가정책에 크게 오류를 범한 일이 없는데 언론정책을 포함해서 민생을 하루아침에 쾌도난마로 해결하지 못했기 때문에 지지가 낮아서 그래서 지금 차별화를 하는 것 아닙니까? 그러면 지지가 그때보다는 조금 올랐으니까 다시 와서 줄 서야 되는 것 아닙니까?

남의 기회주의는 용납합시다. 그러나 우리 스스로는 절대 기회주의에 빠지지 맙시다. 오로지 소신과 원칙을 가지고 그러나 사람을 널리 포용하면서 걸어갑시다. 제 아이가 초등학교 다닐 때 남에게는 관대하고 자신에게는 엄격한 사람이 되라고 했었는데, 저도 실천 못하는 사람이지요. 저도 집에 가서 아내하고 싸우는데요. 그렇기는 하지만 꾸준히 그런 의식을 가지고 갔으면 좋겠습니다.

능동적이고 창조적인 시민에 의한, 시민주권사회 실현을 위한 참여운동을 가열차게 펼쳐 갑시다.

민주주의 똑바로 하자

원광대 행정대학원 특강 연설 : '가치문화의 시대' 를 열자(2001년 10월 25일)

지금 한국에서 무엇이 가장 중요한가. 어쩌면 쓸모없는 고민일 수도 있지만 제가 항상 고민하는 문제는 인류가 이 지구상에서 얼마나 더 살 수 있을 것인지 하는 것입니다. 결론을 내릴 수는 없지만 다만 한 가지 아주 불안한 것은 자연의 섭리에 의해 정해진 인류의 수명을 인간이 스스로 단축해버리는 일은 없을 것인가 하는 문제, 인간이 과연 하느님이 정해놓은 만큼 살 수 있을 것인가 하는 문제입니다. 가끔 이 문제에 대해 생각도 해보고 내 생각을 말하기도 하는 데 오늘은 그냥 가끔 이런 싱거운 생각도 한다는 정도만 말씀드리겠습니다.

한국이 지금 어디쯤 왔는가, 최종적인 목표가 정확하게 어디인지는 모르지만 과연 어디쯤 왔는가, 이런 생각도 해봅니다. 흔히들 선진민주국가들 만큼 되는 것을 1차적 목표라고 한다면 한국은 얼마쯤 더 뛰어야 걸어갈 수 있을 것인가. 선진국들이 여유를 가지고 걸어가고 있다고 표현한다면 현재 한국은 이를 따라 잡기 위해 열심히 뛰어가고 있거든요. 과연 얼마쯤 뛰었으며 앞으로 얼마쯤 남았는가 하는 문제에 대해서 가끔 생각을 해봅니다. 제가 오늘 아침에도 사무실에서 참모들과 이 문제에 대해 이야기를 좀 해 보았는데 대체적으로 75% 정도 이루었다고들 이야기를 하더라고요. 여러분들은 어떻게 생각하십니까? 대체로 수긍하시죠? (예)

왜 이런 문제를 제기하는가 하면 한국이 지금 성취해야할 과제가 무엇인지를 찾기 위함입니다. 한국이 앞으로 무엇 무엇을 더 성취해야 하는지 그 과제를 구체적으로 한번 생각해 보자는 것입니다.

1945년 우리나라가 일제의 식민지 지배로부터 해방이 되었을 때, 지금 돌이켜보면 무엇무엇을 했어야 했을까요?

제일 먼저 민주국가를 건설했어야 합니다. 자주독립국가를 건설했어야 했고요, 조금 살기 넉넉한 경제건설을 했어야 할 것으로 생각하고 민족이 하나로 되는 통합된 국가를 건설했어야 했을 거라고 생각합니다. 이때를 출발점이라 했을 때 지금 우리가 성취한 것은 무엇이며 성취하지 못한 것은 무엇인가.

민주국가를 건설한다고 했는데 자유당 독재시절을 거쳐서 4·19혁명으로 잠시 민주주의 맛을 보는 듯하다가 5·16 군사쿠데타로 인해서 다시 독재체제하로 들어가 버리고 말았습니다.

민주주의는 끊임없이 짓밟혀왔었고 87년 6월항쟁에 와서야 비로소 한국도 선진민주주의 국가에서 겪었던 시민혁명과 유사한 역사적 경험을 성취했고, 그로부터 10년이 지난 1997년에 와서야 비로소 정권교체라는 역사적 고비를 넘어왔습니다. 그럼 지금 이제 남은 것은 무엇이냐? 곰곰이 생각해 봐야 합니다. 이 시점에서 정권교체까지 이루어지고 민주정부가 들어섰다고 하는데, 한쪽에서는 지금 독재라고 이야기하고 있고 언론탄압을 이야기하고 있고 이 정부의 인기가 땅바닥으로 떨어져 내리고 있습니다. 그리밖에 못 하냐, 이제 무엇이 남았으며 무엇이 이루어졌는지 한번 생각해봐야 할 것입니다.

한 국가공동체는 통합되어야 합니다. 국민들은 하나로서 공동의 목표를 가지고 어떤 지향에 대해서 공감하면서 전략적 합의를 가지고 새로운 역사를 향해서 나아가야 하는데, 한국의 통합 수준은 얼마나 되는가.

남북은 분단되어있고 동서는 서로 말이 통하지 않을 정도로 심각하게 분열되어있습니다. 정치적 의제에 대해 국회에서 여야 간에 서로 말이 통하지 않습니다. 국민들 사이에서도 무엇이 이 시기에 소중하냐고 정책을 내놓고 의견을 물으면 지역 간에 서로 말이 상이합니다. 말이 통하질 않습니다. 이런 상황이고요.

경제는 상당히 발전했죠, 좀 벌었습니다. 반도체 기술은 세계 일류고 인터넷 기술은 일본을 앞질렀고 전반적 기술 경제수준은 곧 선진국 수준을 따라갈 것이라는 것이 한국의 자신감입니다.

이것을 놓고 많은 사람들이 한국이 근대화되었다고 이야기합니다. 근대화는 성취되었다고 하는데 한국에서 과연 근대화가 성취되었습니까?

산업화가 성취되었다는 것에 대해서는 동의하겠습니다. 그러나 근대화라는 것은 물질문명의 발달수준에 의해 평가되는 산업화를 의미하는 것이 아니라 정신문화, 가치문화적 측면에서 근대적 요소를 성취했을 때 그것을 우리는 비로소 근대화라고 이야기하는 것입니다. 서구 근대문명이라는 것은 단순히 산업혁명의 완성에 따른 산업화만을 의미하는 것은 아니거든요. 계몽주의로부터 비롯된 서구 이성주의와 합리주의 문화라는 것이 거기에 수용될 때 비로소 근대화가 되었다고 이야기할 수 있는 것인데 한국이 과연 그와 같은 의미에서의 근대화가 되었는가.

그래서 오늘날 근대화 세력이라고 스스로 주장하는 사람들과 그것을 근대화 세력이라고 별 생각 없이 받아쓰는 많은 사람들, 그리고 심지어 우리 민주당에서까지도 근대화 세력이라고 이야기하면서 무슨 민주화 세력과 근대화 세력이 손잡자고 이야기하는데 대해서 과연 이 언어 사용이 올바른지에 대해 한번 의문을 제기해 봐야 하거든요. 민주화 세력과 근대화 세력, 민주화 안 된 세력이 어떻게 근대화 세력이라고 말할 수 있느냐, 민주화 세력과 산업화 세력이 손잡자고 한다면, 손잡아지는 것인지는 모르겠지만 그건 틀린 말은 아니지요. 한국이 성취한 것은 산업화 한 가지다 이겁니다. 통합은 멀었고 민주화는 어느 정도 왔습니다.

그래서 한국은 소위 근대화된 선진 민주국가와 어깨를 나란히 겨루기 위해서는 해결해야 될 많은 문제들이 남아있다고 생각합니다.

그러나 너무 점수를 깎아 버리면 기가 죽을 수도 있으니 적어도 75% 정도 왔다 앞으로 25 리를 따라 잡으면 된다. 그럼 따라 잡기 위해 앞으로 25 리에 남은 것이 뭐냐 그 말씀을 오늘 드리려고 합니다.

우선 그동안 우리는 오랜 세월동안 민주주의를 하기 위해 투쟁해 왔습니다. 그 결과 민주주의는 얼마만큼 성취되었는가. 저는 민주주의의 남은 과제를 타협의 문화라고 생각합니다. 그동안 민주주의 역사에서 겪는 시민혁명, 시민봉기와 같은 역사적 경험을 이루었고 정권교체도 했습니다. 그러면 민주주의 다 된 거냐? 아니다. 타협의 문화가 성숙할 때 비로소 한국의 민주주의가 제 궤도에 들어서게 된다 저는 그렇게 생각합니다. 그래서 지금 우리가 성취해야할 중요한 과제 중의 하나를 타협의 문화로 잡고 한번 말씀을 드려보겠습니다.

타협의 문화 그게 뭐냐, 옛날의 역사는 투쟁의 역사였지 않습니까. 투쟁이 제일의 가치였거든요. 저도 그랬고요. 여기 계신 많은 분들도 학교 다닐 때 투쟁을 했습니다. 그것도 민주주의를 위한 투쟁을 했습니다.

민주주의가 뭐냐, 첫 번째는 민주주의라는 사상, 인간의 존엄과 가치, 국민 주권, 이런 것들을 내용으로 하는 민주주의 사상이

싹트던 시대를 1단계라고 할 수 있을 것입니다.

민주주의의 2단계는 시민혁명을 통해서 일단 시민이 역사의 전면에 등장하고 권력에 개입하기 시작하는 것입니다. 그 이전에는 권력은 시민들과는 관계없는 것이었거든요. 권력에 개입하기 시작한 것이 시민혁명 이후부터의 일입니다. 그 이후부터 이제 치열하게 기득권 세력들과 투쟁을 하면서 엎치락뒤치락 하면서 민주주의 제도를 만들고 발전시켜 왔습니다.

그런데 지금 선진국들은 한국적 민주주의와 무엇이 왜 다른가?

같은 대통령제인데 남미에서는 독재가 되고 미국에서는 민주주의가 되는가. 똑같은 내각제인데 서구유럽에서는 민주주의가 되고 아시아의 내각제는 민주주의가 안 되는가. 도대체 어떤 차이인가?

제도의 차이는 아닌 것이죠. 이것은 역사의 차이가 있습니다. 즉 혁명의 역사, 정권교체의 역사의 차이로부터 기인한 것이라고 생각합니다. 또한 역사를 토대로 한 행태의 차이가 있습니다. 역사의 차이는 시민들의 의식과 행동양식이 다르게 합니다. 그 중에서도 특히 적극적 참여의 수준이 다르기 때문에 민주주의의 수준의 차이가 나는 것입니다. 그래서 민주주의의 세 번째 단계에서는 시민적 참여의 수준이 되어야 비로소 민주주의가 후퇴하지 않고 제 궤도에 올라갈 수 있습니다. 그래서 참여민주주의가 대두되고 있는 것입니다. 새로운 시대의 과제로 참여민주주의를 제기하고 있습니다.

또 다른 관점에서 민주주의 발전과정을 보면 투쟁없이 민주주의 없고 끝까지 투쟁하면 민주주의는 망한다는 가설을 세울 수 있습니다. 민주주의 주체인 시민이 권력에 개입하기 위해 지배세력의 권력에 끊임없이 도전할 때 싸움을 해서 얻어내었습니다. 투쟁을 통해 민주주의를 쟁취해 내는 과정이 민주주의의 역사입니다. 투쟁없는 민주주의는 없습니다. 벤치마킹한 민주주의는 또다른 대가를 치르지 않으면 민주주의로 갈 수 없습니다.

그러나 끝까지 투쟁만 하면 민주주의는 존재하지 않습니다. 왜냐하면 민주주의가 절대적 체제를 용납하지 않는 철학적 기초 위에 있기 때문입니다. 또한 민주주의는 상대주의에 기초하고 있는 제도이기 때문입니다. 민주주의에서는 진리란 말을 잘 쓰지 않고 보편적 합의, 보편성, 보편적 가치라는 말을 씁니다. 민주주의가 추구하는 것은 대화와 타협의 문화이고, 이것을 통해 합의를 이끌어나가는 과정을 말합니다.

한국은 민주주의가 왜 안 되나? 전환기이자 과도기이기 때문입니다. 민주주의 사회에서는 여러 집단 간 계층 간 철학과 이해관계가 다릅니다. 이를 타협으로 이끌어가야 하는데, 이해관계가 다르면 갈등, 투쟁이 생깁니다.

그동안 이해관계가 다른 사회적 갈등을 어떻게 해소해왔는가. 이때까지는 권력이 주먹으로 해결해왔습니다. 누가 들고 일어나면 중앙정보부나 안기부에서 전화만 하면 제압이 되었습니다. 덤비면 재미없거든요.

그런데 민주화 투쟁, 6월항쟁 이후 그런 방법이 이제 잘 통하지 않게 되었습니다. 그 다음의 정권은 그것이 부당하다고 싸운 사람들이기 때문에 주먹으로 과거처럼 할 수도 없고, 또한 권력과 싸워 승리한 시민들이 권력에 대해 겁을 먹을 리도 없습니다. 이제 갈등의 문제를 국가가 나서서 힘과 주먹으로 해결할 수 없는 사회가 되었기 때문에 모든 문제가 투쟁으로 불거져 나옵니다. 한약분쟁, 의약분규, 교원충원문제, 구조조정에 따른 공기업 정리해고문제, 새만금 등.

이제는 주먹으로 안 됩니다. 합의와 타협으로 해결해야 됩니다. 표결이 있지 않나? 국회에서 표결을 마구잡이로 붙이면 몸으로 막습니다. 국회에서 어떤 경우에 표결을 몸으로 막으면 정당하고 어떤 경우는 부당한가? 경우가 다릅니다. 옛날에는 말도 안 되는 법은 국회의원들이 몸으로라도 막아야 된다고 했었습니다. 찬성하는 사람도 많았지요. 그러나 요즘은 몸으로 막으려고 하면 '아니 뭐하는 거냐' '표결로 해야지'라고 비난합니다. 그 차이는 타협의 과정을 얼마만큼 거쳤느냐는 것이지요.

국회에서 여야 간에 쟁점이 10개가 있으면 처음에는 서로 간에 입장이 다 틀립니다. 하지만 상임위나 소위원회에서 토론을 하다보면 타협선이 만들어지고 거의 해결되어집니다. 그래서 쟁점이 두 개 혹은 세 개정도로 좁혀지면 좀 더 이야기를 해 가지고 마지막 합의로 통과시키면 되는데 국회의원들은 유권자들의 눈치를 봐야 하기 때문에 '나는 이 안에 대해서 찬성한다. 혹은 반대한다'는 것을 공개적으로 보여주기 위해서 표결을 하는 것입니다. 즉 통과되더라도 서로 간에 얻을 만큼 얻었다고 판단되었을 때 표결로 처리하는 것이거든요.

타협이 민주주의의 원칙입니다. 이제 타협을 통해 문제를 풀어갈 수밖에 없는데 지금까지 민중들을 협상의 테이블에 앉혀준 적이 없습니다. 타협의 경험이 없기 때문에 타협의 기술이 없습니다. 그래서 자기고집을 가지고 끝까지 달려가는 사회적 현상이 일반화되어있습니다.

적어도 김대중 대통령의 정치적 역량을 평가할 때 이러한 정치적 상황을 보고 평가해야 됩니다. 왜 이리 힘이 없냐고들 이야기 합니다. 그러나 지금은 힘으로 밀어붙일 수 있는 시대가 아닙니다. 이제는 대화와 타협을 통한 문제 해결 방식이 우리 사회의 새로운 정치문화로 자리잡아 가야합니다. 우리의 큰 숙제입니다.

이것을 하자면 가장 중요한 조건이 있습니다. 서로 말이 통해야 타협이 될 거 아닙니까. 한나라당 대변인은 국가원수에 대해서 왜 그처럼 모질고 독한 말만 골라서 논평을 내느냐? 자질이 모자라서인가? 아닙니다. 지역정서가 버티고 있기 때문입니다. 그렇게 험하게 비판을 해야만 고향에 가서 인기가 올라가고 아니면 인기가 떨어지기 때문입니다. 싸우면 박수, 타협 하면 욕이 나오는데 어떤 정치인이 타협에 나서겠습니까? 타협의 경험도 기술도 없습니다. 지역구도가 한국정치의 가장 큰 장애물입니다.

타협이란 관용의 철학을 기본으로 하는 것입니다. "당신도 나도 이 시대에 함께 공존할 권리가 있다" 이것이 안 되는 것이 이스라엘과 아랍입니다. 이스라엘은 그 땅이 2000년 전에 자기네 땅이었다고 주장하지만 아랍에서는 "무슨 소리냐. 너희는 시효도 모르냐. 이 땅은 이미 우리 아랍 땅이 된 지 오랜데 억지 부리지 말라" 하면서 맨날 전쟁입니다. 공존할 수 없다는 생각을 가지고 있기 때문에 합의가 안 됩니다. 공존할 수 있는 권리를 함께 가지고 있다는 것을 인정해야 됩니다. 상대방이 가진 권리도 존중받을 가치가 있다는 것을 인정하는 것이 관용입니다.

관용의 철학의 기초는 상대주의입니다. 민주주의는 상대주의 철학에 기초한 정치제도입니다. 관용이야말로 민주주의를 성공시키기 위한 사고의 기반이라고 할 수 있습니다.

서로 다른 의견을 가지고 합의를 이루어 나가려고 했을 때 필요한 것이 대화입니다. 서로 다른 의견을 같은 결론으로 모아 나가는 것. 타당한 결론을 찾아나가는 과정에서 쓰는 것이 토론입니다. 대화와 토론의 문화가 타협의 문화의 기반이 됩니다.

앞으로 한국에서 제대로 민주주의가 되려면 토론문화가 꽃피워야 됩니다. 그리고 토론을 잘하는 사람이 모든 조직의 리더가 되어야 합니다. 심야토론처럼 구경꾼들 앞에서 상대를 꺾어버리는 것을 목적으로 하는 토론이 아니라, 마음을 열고 저 사람의 모순과 내 의견의 모순을 찾아나가는 것이 토론의 과정입니다. 진실, 타당한 결과로 나아가기 위해 우리 논리의 모순을 하나하나 발견하고 검증해나가는 과정이 토론입니다. 토론 잘하는 사람이 조직의 리더가 되었을 때 조직의 문화가 꽃피고 조직의 효율성이 향상됩니다.

GE의 잭웰치 회장의 경우도 토론을 잘하는 사람이었습니다. 현장의 일개 기술자의 발언을 존중해 주고 그와의 대화를 통해 좀 더 효율적인 것을 찾아나가는 방법을 전체 조직 안에 퍼뜨렸습니다. 경쟁력 강한 조직으로 만들었습니다. 토론의 문화가 발전되어야 돈도 잘 벌고 민주주의도 잘하는 방법입니다.

그렇다면 준거할 교본이 없나? 모든 것을 하나하나 검증하기는 불가능합니다. 컴퓨터 프로그램을 짜는데 c언어로 짜면 유통성이나 호환성은 좋은데 시간이 오래 걸립니다. 그래서 비쥬얼 베이직이나 델파이로 짜는데 개발된 모듈이 많기 때문에 대강대강 꿰어 맞추면 속도가 아주 빨라집니다. 이처럼 효율적으로 개발된 툴(Tool)이 무엇이냐 하면 바로 합리주의입니다.

민주주의 정치제도는 합리주의의 토대 하에서 합리주의 원칙을 가지고 출발해야 됩니다. 동양과 서양의 구분이 필요 없습니다. 기술개발을 위해서도 민주주의를 해야 됩니다. 합리주의 문화와 소통이 되지 않으면 거래도 안 되고 장사가 안 됩니다. 타당한 결론을 찾아나가는 과정, 합의를 찾아나가는 과정에서 툴이 합리주의입니다.

힘센 사람이 왜 양보합니까? 가령 사과 하나를 유치원생과 대학생이 갈라 먹어야 할 경우 대학생이 배가 무지 고프다면 합의가 되겠습니까? 그냥 먹어버리면 되는 거죠. 적어도 나 혼자 먹

으려고 했을 때 상대방이 안 된다고 막아 나서서 치고 박고 싸우다 보니 도저히 승부가 날 것 같지 않아서 서로 간에 "야 이러지 말고 우리 반씩 갈라먹자"고 하려면 서로 간에 힘이 비슷해야 이런 타협이 가능하겠죠?

많은 사람들과 집단들이 이해관계를 놓고 치열하게 싸울 경우 이것을 잘 조절해나가야 되는데 이 조절이 이루어지는 조건은 힘의 균형입니다. 특히 제도의 장(場)인 입법, 행정, 사법의 장에서 힘이 비슷해야 대화가 시작되고 타협이 이루어집니다. 한쪽은 너무 강하고 한쪽은 너무 약하면 일방통행이 됩니다. 정치의 장에서도 세력균형이 갖추어져야 합니다. 오늘날 국회가 그동안 소외받았던 많은 사람들의 권리와 주장을 잘 대변하고 있는지는 다시 한 번 되돌아보아야 할 것입니다. 호남의 경우도 마찬가지입니다. 그동안 호남사람들은 국방부장관도, 검찰총장도 할 수가 없었습니다. 그래서 오직 한분 김대중 선생님이 대통령 될 때까지 무조건 찍자고 해왔잖습니까? 이래서는 안 되는데 세력의 균형이 이루어지지 않으니까 일방적인 행동을 할 수 밖에 없었던 것입니다.

오늘날 그래도 정치인들은 국회에서 여론의 눈치를 봅니다. 여론은 언론이 만드는 것입니다. 그동안 정치권력이 국민들을 속여 왔습니다. 하지만 이제는 힘이 없어졌습니다. 제가 그래도 집권여당의 최고위원인데 요새 보면 먹을 거 정말 없어졌습니다. (웃음) 옛날 권력이랑 다릅니다.

그런데 욕을 할 때는 전혀 망설이지 않고 마구 욕을 해대면서 언론 탄압한다고 하는데 여러분 요즘 일부 신문 한 번 보십시오. 권력이 언론탄압 하는지 언론이 권력 탄압하는지? 앞으로 권력은 과거의 권력과 다르며 이미 많이 달라졌습니다. 권력이 국민 위에 군림하던 시대가 아닙니다.

그럼에도 불구하고 대강 국민들을 속이면서 떵떵 거리는 집단이 하나 있죠, 언론입니다. 책임지지도 않고 하고 싶은 대로 쓰고, 자기 마음에 드는 소리만 씁니다. 이 정권에 도움이 되는 말은 받아쓰지 않거나 조그맣게 쓰고 이 정권을 공격하는 말은 사실이건 아니건 누군가 말만하면 대문짝만 하게 씁니다. 공은 십분의 일로 깎아내리고 과는 열배로 뻥튀기해서 보도하고 있습니다. 그러나 저는 아주 다행스럽게 생각하는 부분이 있습니다. 만약 이들 언론이 이 정권을 죽이겠다고 작심하고 아주 표 나지 않게 지능적으로 공격을 한다면 어찌 해볼 도리가 없을 텐데, 지금 사주가 감옥에 있으니까 사주한테 충성을 하려고 그러는지 마구잡이로 민주당에 상처를 냅니다. 너무 표가 나게 공격을 해대니까 국민들이 읽으면서, 해도 너무 한다고 느끼는 국민도 있습니다.

여론의 장을 장악하고 있는 것이 미디어입니다. 이 미디어의 장에 세력균형이 이루어져야 됩니다. 민중의 소리와 기득권자의 소리가 비슷비슷하게 나와야 합니다. 그런 균형이 잡혀져야 한국에 소위 공론이 만들어지는데 민중의 소리는 안 들립니다. 호남의 소리도 안 들립니다. 호남이 다 해 먹는다 는 소리는 들리는

데 호남이 어렵다는 소리는 전혀 안 들리더라고요. 호남뿐만 아니라 우리 노동자들은 얼마나 속이 타겠습니까…….

세력균형이 이루어져야 합니다. 제도정치의 장에서, 그리고 여론의 장에서 세력균형이 이루어져야 대화와 타협의 문화가 생겨날 수 있습니다. 이것이 한국민주주의의 최대의 과제라고 생각합니다. 대화와 타협의 문화는 한국민주주의의 최대 과제입니다. 우리 국민들은 성숙한 민주주의 발전을 위해 관용의 정신, 대화와 토론 문화, 합리주의에 대해 깊이 생각해야 합니다.

지금 이 시기 두 번째 가장 중요한 것이 사회통합입니다. 사회통합을 위해서는 계층통합과 동서통합을 이루어야 합니다.

앞으로는 계층통합이 중요한 시대로 갑니다. 시장경제, 4대 부문 개혁, 세계화라는 말 속에는 작은 정부, 규제완화, 민영화, 노동의 유연화의 의미가 들어있습니다. 이것을 시행했을 때 빈부 격차가 심해지지 않는 나라가 없습니다. 노동자들의 실질소득은 떨어지고 있습니다. 소비수요가 떨어질 수밖에 없습니다. 경제가 침체하게 됩니다. 지속적인 성장을 위해서도 분배의 문제가 중요합니다. 사회통합을 위해서 '이 세상이 뒤집어졌으면 좋겠다'고 생각하는 사람을 줄여야 됩니다. 그래서 생산적 복지정책이 나온 것입니다. 지속적인 수요창출을 위한 분배가 필요합니다.

동서통합이 중요합니다. 분열은 인류공동의 적입니다. 역사의 경험상 불행을 남겨주지 않았던 적이 없었습니다. 한국의 역사는 분단 때문에 민주주의가 지체되었고 친일잔재가 청산되지 못했습니다. 6월항쟁 이후 야당의 분열, 민주세력의 분열 때문에 왜곡된 민주주의의 길을 걸어왔습니다. 민주주의가 구박받고 있습니다. 분열은 역사를 왜곡시킵니다. 고통이 따르고 있습니다.

외부세계에 대해 마음을 열어야 됩니다. 인류는 씨족사회에서 부족사회, 봉건사회에서 민족국가, 세계화로 발전해왔습니다. 사람은 경제활동의 영역과 일치하는 단일한 정치단위를 이루길 원합니다. 거기에서 보편적 가치를 실현하기를 원합니다. 경제영역이 통합되면 생활의 영역의 통합을 원합니다. 경쟁력을 강화하려고 합니다. 비용을 줄이기 위해 임금을 깎는 등의 전략을 씁니다. 세계화의 논리의 귀결입니다.

다른 의미에서 보면 민족 국가 시대에는 국가의 가치가 최상의 가치였습니다. 중세에는 신과 교회가 모든 가치체계의 정점이었습니다. 신이 원하면 목숨도 내놓아야 했습니다. 근대에는 국가를 거역하면 죽음이었습니다. 17세기에서 19세기를 거쳐 오면서 신의 시대에서 국가의 시대로 전환되었습니다.

그렇다면 국가는 영원한 것인가? EU는 국가로 이행 중인가? EU 소속 국가 들은 국가로서 탈색되는 중입니다. 앞으로의 질서는 누가 지배할 것인가? 세계의 보편적 가치가 지배할 것입니다. 양심이 수용할 수 있는 가치체계, 도덕적·윤리적 가치. 21세기는 가치의 시대일 것입니다. 강자도 혼자 강자일 수 없습니다. 혼자 안전을 방어할 수 있는 최강자는 없습니다. 새로운 시대에 접어들었습니다. 새로운 가치체계, 사고방식을 가져야 합니다.

동북아의 새로운 시대에는 일본, 중국과의 관계를 어떻게 풀어나가야 하나? 열린 문화, 열린 사고가 필요합니다. 배타성을 걱정스럽게 생각해야 됩니다.

부정부패도 옛날만큼 심각하지는 않습니다. 요즘에는 상당부분 투명해진 것이 사실입니다. 지금 우리 사회에서는 연고주의가 문제이고 더 위험합니다. 연고의 틀 속에서 횡행하는 불공정한 거래들, 끼리끼리 해먹는 풍토가 한국의 장래를 어둡게 하고 있습니다. 연고와 집단이기주의의 문화를 깨야 합니다.

합리적이고 공정한 시대로 가야됩니다. 사회가 통합되려면 결과에 있어서 균형, 과정에 있어서 공정한 사회가 되어야 합니다. 사람의 생각을 바꾸기가 쉽지 않습니다. "정직하면 손해 본다" 이렇게 교육합니다. '경쟁에서 이겨야 된다'는 것이 지배적 가치이자 문화입니다. 특권주의, '권력과 맞서면 패가망신 한다' 줄을 잘 서야 됩니다. 강자에게 약하고 약자에겐 강해야 됩니다.

간절한 소원입니다. 강자에게 당당해야 됩니다. 조선일보에게 찍힐까봐 정치인들 고개 숙이고 있습니다. 떨치고 일어나야 한국의 장래가 있습니다. 정정당당하게 승부하는 새로운 시대로 가야합니다. 세계시장의 원리가 거기에 있습니다.

인간의 의식이 바뀌어야 합니다. 많은 제도개혁의 과제가 거부당하고 있습니다. 제도개혁된 것도 의식이 따라주지 않고 있습니다. 인간의 의식을 바꾸려면 역사를 바꾸어야 됩니다.

미국의 경우 정의의 깃발을 든 사람들이 이겼습니다. 링컨이 통합의 깃발을 들고 승리했습니다. 한국에서는 정의로운 사람들이 모두 죽임을 당하거나 망해버렸습니다.

이제 정의로운 사람들이 승리하는 당당한 역사를 만들어가야 합니다. 아이들이 건강한 역사를 만들어 나갈 수 있도록 정의롭고 착하게 일하는 사람, 군대도 가고 원칙을 시키며 살아가는 사람이 잘 되는 역사, 당당하게 할 일하는 사람들이 성공하고 주도해나가는 새로운 역사를 만들어야 합니다. 자랑스러운 떳떳한 역사를 쓸 수 있습니다.

가치의 시대를 만들어 나가야 합니다. 가치를 존중하는 시대, 원칙을 존중하는 시대, 원칙을 지켜 성공한 사람이 이 시대를 주도해 나가야 합니다. 이들이 전면에 서야 됩니다. 불의에 당당하게 맞섰던, 자부심을 가졌던 사람들이 이 사회를 주도해 나가야 합니다. 지금 김대중 대통령은 역사상 가장 강력한 야당과 가장 악의적인 언론의 저항을 받으며 가장 첨예한 지역 간 대결구도 하에서, 대화와 타협의 문화는 성숙하지 않았고, 주먹을 쓸 수도 없는 한계 속에서 역사를 열어나가고 있습니다. 김대중 대통령을 도와주어야 합니다.

민주주의에 뿌리를 두고 개혁을 지향하면서 국민들을 통합해 나가려는 확고한 결의를 가진 사람들이 이 나라의 정치를 주도해 나가야 합니다. 새로운 역사를 만들어 가야 합니다. 민주주의 이전에 사람이 사람을 신뢰할 수 있는 지도자가 나와야 안심하고 정치를 맡길 수 있습니다.

규범을 존중하고 지키는 가운데 사회의 신뢰가 만들어집니다. 원칙, 규범을 소중하게 생각하는 가치의 시대, 원칙의 시대를 만들어가야 합니다. 또 원칙만 가지고 해결할 수 없는, 공존의 지혜를 개발해 나가는 정신문화를 살찌워 나가야 합니다. 사랑과 자비. 할 수 있는 사람이 누구입니까?

강제한다고 되는 게 아닙니다. 이걸 할 수 있는 인격적 토대를 갖춘 사람이 주도해 나가야 합니다. 시민들이 자발적으로 가치를 지향하고 감시하지 않아도 잘 돌아가는 성숙한 사회로 가게 됩니다. 각 분야에서 모델을 만들고 정치의 영역에서는 원칙을 지키고 신뢰를 지키고 자기를 희생하고 했던 사람이 빛 보는 사회로 가도록 우리 다함께 노력해야 할 것입니다.

제대로 된
시민 민주주의 사회가 답이다

혁신벤처기업인을 위한 특별강연(2007년 10월 18일)

여러분 감사합니다.

첫 번째는 두 번씩이나 귀찮게 일어나셔서 박수를 쳐 주셔서 감사합니다. 두 번째는 여러분들이 기업경영을 잘하셔서 성과가 좋은 바람에 참여정부가 은근히 편승해 가지고 생색을 좀 낼 수 있게 됐습니다. 정말 고마운 일이지요. 감사합니다. (일동 박수) 세 번째는 제게 강연의 기회를 주셔서 감사합니다. (일동 박수)

제 생각을 국민들에게 전달할 기회가 보통 우리 국민들이 생각하는 것만큼 그렇게 많지 않습니다.

대통령은 매일 말하고 매일 보도하고 그러니까 일반 국민들의 생각보다 대통령의 생각은 국민들에게 잘 전달돼 있을 것으로 그렇게 우리는 가정합니다. 그런데 실제로 의미가 있고 깊이가 있는 생각들은 국민들에게 전달되지 않습니다. 전달 안 되는 수준이 아니고, 거꾸로 전달되는 것도 많이 있습니다. 우리나라만 그런가했더니 제가 어떤 책을 보니까 우리나라만 그런 것이 아니고 대부분의 나라들이 다 그렇다는 것입니다. 언론이 전달하는 대로 국민들은 그렇게 받아들이게 되는 것이지요. 그런데 언론이 제대로 전달하지 않는다, 이런 것은 정치하는 사람 모두의 불평입니다.

얼마 전에 영국의 토니 블레어 수상이 10년 수상직을 끝내고 첫 번째 강연을 로이터 언론연구소에 가서 했는데, 그때 언론 때문에 힘이 들었다 이런 얘기를 한 것을 보고 저는 상당히 위안을 받았습니다. 나만 괴로운 줄 알았는데 괴로운 사람이 또 있으니까 얼마나 반갑습니까? (웃음)

요즘 제가《이제 당신 차례요, 미스터 브라운》이런 책이 번역돼 나와서 그것을 보고 있습니다. 그 얘기는 예를 들면 영국의 신노동당 노선의 이론적 근거를 제공했다고 하는 앤소니 기든스라는 학자가 토니 블레어 시대를 끝내고 고든 브라운 시대를 열면서 노동당의 진로를 어떻게 할 것인가, 여기에 대한 조언을 책으로 펴낸 것입니다. 그 책 마지막 부분에 보면 역시 언론에게 사실을 제대로 전달하기를 기대하기가 너무 어렵다, 더욱이 복잡한 논리는 더욱더 가망 없다, 그런 상황에서 국민과 어떻게 소통하며, 어떻게 신뢰를 유지할 것인가 하는데 대한 고민이 조금 적혀 있습니다. 답이 있는 줄 알고 열심히 읽어봤더니 역시 아직 답이 없더군요.

제 나름대로의 답은 앞으로 만들어 볼 생각입니다만 일단은 언론이 제자리로 돌아가게 하는 것이 맞지 않느냐 그런 정도이고, 정치하는 사람이 국민과 직접 소통할 수 있는 방법은 아직도 연구 중입니다. 연구 중인데 이것 우리 벤처기업 하는 여러분들이 어떻게 해결해 주실 수 없겠습니까? (웃음) 이것도 어떤 첨단 기술을 통해서, 첨단 시스템을 통해서 그렇게 할 수 있는 방법이 있으면 좋겠습니다.

오늘 제가 여러분께 꼭 말씀을 드리고자 청하다시피 해서 초청을 받은 것은 나름대로 뜻이 있기 때문입니다. '시장의 역할이 뭐냐' 하는데 대해서 그동안에 많은 논란도 있었고 역사적으로 변천도 있었지만, 우리가 내릴 수 있는 결론은 시장을 주도하는 세력이 세상을 주도한다, 그것은 아마 앞으로도 거의 변하지 않을 것이라는 것입니다.

이런 시장을 주도하는 사람들이 어떤 사람들이냐, 특권·반칙·독점·우월적 지위, 이런 기득권을 가지고 성공하고 또 앞으로도 이와 같은 기득권을 계속 주장하는 사람들, 그리고 '세상은 생존경쟁의 원리에 따라 돌아가는 것이고 양육강식의 세상이다. 그러므로 강자가 세상을 지배하는 것은 당연한 것이고, 거기에 시민들은, 소비자는 따라와야 된다' 이런 생각을 하고 있는 사람들이 만일에 시장을 주도한다면 우리 사회가 역시 그런 사회가 될 것입니다.

그러나 좀 더 다른 생각, 스스로 노력하고 연구하고 혁신하고 그래서 창의적 기술로써 시장에서 당당하게 경쟁하고 성공하는 사람들, 그리고 오늘의 시장만이 아니라 내일의 시장, 오늘의 사회만이 아니라 내일의 사회에서도 계속 경쟁력을 가져갈 수 있는 나라, 이것을 생각하는 사람들이 시장을 주도하면 그 사회가 또 달라질 것입니다.

제가 후보시절에 어느 강연의 자리에 가서 '신주류'라는 개념을 말한 일이 있습니다. 말이 쉽지 않고 관심도 별로 없는 어휘라서 주목을 끌지 못했습니다만 저는 우리사회에 신주류가 나타나야 된다, 등장해야 된다, 그 신주류는 시장의 신주류일 것이다 그렇게 생각합니다. 신주류가 새로운 세상을 만들어야 된다. 지금 세상도 뭐 그런대로 괜찮지만 많은 문제를 가지고 있고, 미래에 대한 많은 불안이 있습니다. 그래서 이런 문제들을 해결하고 밝은 미래를 우리에게 약속할 수 있는 그런 우리 사회의 신주류는 거듭 말씀드리지만 시장에서 나올 수밖에 없습니다. 여러분들께 그런 기대를 가지고 오늘 저는 이 자리에 섰습니다.

그러나 주제는 역시 '기업하기 좋은 나라'라는 주제를 가지고 시작을 하겠습니다. 여러분은 기업하는 사람들이기 때문에 여러분의 문제에서부터 일단 출발해야 할 것이라고 생각합니다.

저는 변호사시절부터 보수진영으로부터 '너 시장주의자 맞냐?' 이런 질문을 많이 받았습니다. 대통령이 되고 나니까 '너 분배주의자지?' '그래서 어떻단 말입니까?'라고 답하고 싶었지만, 또 분배와 소비, 생산의 선순환 관계를 말하고 싶었지만 어렵고 별로 전달해줄 사람도 없고 어물어물 넘어갔습니다. 어떻든 요즘도 요구하고 있는 것이, '정부는 시장에서 손 떼라, 시장에 맡겨라' 이런 주장들을 계속 듣고 있습니다.

그런데 한편 진보진영이라는 곳으로부터는 '너 신자유주의자지?' '비정규직 그것 법으로 금지해라', 말하자면 '안 하니까 너 부자들 편이지?' 이런 취지의 이야기를 듣고 있습니다. 그래서 하도 답답해서 '좌파신자유주의자요' 이렇게 얘기를 했습니다. (웃음) 그런 개념이 성립될 수가 없는 것이죠. 비꼰다고 한 얘기입니다. 질문을 자꾸 하니까, 한쪽은 좌파라고 하고, 한쪽은 신자유주의라고 하니까 '나는 좌파신자유주의자요' 비꼰다고 말을 했더니 야 이거 무슨 큰 건가 싶어서 또 심각한 어조로 열심히 말하고 쓰는 사람들이 또 있습디다. 그리고 또 그 뒤에 저를 비판하면서 인용도 하고 그래서 '아, 말조심 해야겠구나' 생각했습니다. 앞으로 말조심하겠습니다. (일동 웃음)

경제, 정의, 실천, 재벌규제, 좌파인지 우파인지 모르지만 어떻든 이런 주장을 하는 사람들도 또 있지요. 모두가 국가와 시장의 관계에 관한 얘기입니다. 국가는 시장과의 관계에서 무엇을 어떻게 해야 하는가, 매우 중요한 일이지요. 근데 여러분들은 '복잡한 소리 말고 국가는 기업하기 좋은 나라를 만들어라' 그러시죠? 그렇습니다. 우리 솔직하게 합시다. (일동 웃음) 기업하기 좋은 나라, 여러분의 요구는 그것이지요? (일동 "네") (일동 박수)

근데 보통 기업 안 하는 사람들, 자기 가족이 기업을 해도 자기는 사람살기 좋은 나라가 좋은 나라지, 이렇게 말하는 사람도 있습니다.

저는 옛날 국회의원 초임시절부터 초선시절부터 서명을 할 때 '사람 사는 세상'이라는 서명을 합니다. 여러 가지 뜻이 있지만 조금은 깊은 뜻이 있지만 복잡하게 생각하지 않더라도 사람 사는 세상, 사람살기 좋은 세상이 사람 사는 세상이죠. 그런데 기업 하기 좋은 나라하고, 사람 사는 세상하고 이 얘기는 서로 다른 얘기인가 같은 얘기인가, 서로 만날 수 있는 얘기입니까? 만날 수 없는 얘기입니까? 그런데 여러분과 제가 만나자면 또 어떻든 의견의 일치를 보자면 어디선가 이것이 만나야 합니다. 그래서 서로 만나서 합의를 할 수 있을 것인지 오늘 여러분 저도 궁금한 생각을 가지고 여러분께 말씀을 드리고자 합니다.

정부는 뭘 해야 하나 여기에 대해서 서로 모순된 주장이 대립되고 있습니다. 소위 시장주의라고 하는 입장에서의 요구는 작은 정부 하라, 정부는 손 떼고 시장에 맡겨라, 이런 요구를 합니다. 규제를 줄여라, 해고를 자유롭게 허용하라, 시장을 개방하라, 작은 정부를 하라, 세금도 줄여라, 복지 부담도 줄여라, 여기에 대해서 시민사회에서는 인권을 보호하라, 노동을 보호하라, 경제적 약자를 보호하라, 환경을 보호하라, 안전, 질서, 이것을 위해서 시장에 대해서 각종 규제를 하고 부담을 지우고 그렇게 국가가 적극적으로 개입하라고 합니다.

실제로 TV를 보면 규제를 줄여라 이렇게 하지만 언론이나 보

도를 보면 어디서 도둑이 들면 국가가 뭐 했냐, 가만 보면 기업에 대해서 이런 저런 규제를 하지 않을 수 없는…, 또 환경이 파괴되고 난개발이 되면 뭐 했냐, 뭐하면 규제가 되는 것이죠. 사람이 음식을 먹고 탈이 나도 뭐 했냐 그것 규제해야 됩니다, 그러니까 두 개의 주장이 충돌합니다. 시장과 시민사회의 요구가 충돌이 됩니다.

그런데 시장 안에서는 서로 요구가 모순되지 않는가? 그 시장의 강자들, 그 사람들은 시장에 개입하지 마라, 가만 놔둬라 이렇게 말합니다. 독점·우월적 지위·지배력·특권적 지위를 가지고 있는 시장 기득권자들은 간섭하지 마라, 이것이 주된 요구입니다. 시장에서 약한 사람들은 독점을 규제해 달라, 공정거래, 공정경쟁의 질서를 보호해 달라, 시장의 약자에 대해서 특별한 보호를 좀 더 해 달라, 예를 들면 진입장벽도 만들어 달라, 이런 요구들을 합니다. 이것은 시장 안에서도 서로 요구가 부닥치는 것입니다. 같은 중소기업 안에서도 요구가 부딪힐 때가 있습니다. 단체수의계약제도 그것은 같은 중소기업 사이에도 기득권을 가진 사람들과 안 가진 사람들이 충돌해서 한참 싸웠습니다. 지금 해결됐는지 모르겠습니다. 지금 다 됐죠? 예. 그것 노무현 정부니까 없앴지. (웃음) 다른 사람 못합니다. 어떻든 이렇게 충돌합니다.

그러나 이와 같은 대립과 갈등은 조화롭게 조정되고 통합이 돼야 합니다. 어느 정도 불만이 있더라도 어느 정도 수용할 수 있어야 되는 것이죠. 그렇게 통합하고 조정하는 방도는 무엇인가?

이것이 국가가 잘 되기 위한 요체입니다. 기업이 잘 되기 위한 요체입니다. 해결 못하고 옥신각신 밀고 땅기고 하다보면 경영은 못하고 싸움하러 다녀야 되거든요? 그렇지요? 그래서 이거 해결돼야 됩니다.

그렇게 하기 위해서는 대립과 갈등의 본질을 깊이 분석하고 매우 정교한 전략을 세워야 합니다. 그리고 국가가 얼마나 어떻게 개입할 것인가를 결정하는 것이 바로 정치의 요체입니다. A당, B당, 여당, 야당, 진보, 보수 옥신각신 싸우는데 이 싸우는 요체는 바로 얼마나 개입할 것인가 그런 것입니다. 그래서 기업도 시민사회도 자기들의 요구를 관철하려면 정치에 개입해야 됩니다. 때로는 싸우고, 때로는 대안을 내서 서로 양보하고 타협하고 어떻든 정치적 과정에 개입해야 합니다.

어떻게 개입할 것이냐를 알기 위해서 우리는 국가와 시장의 관계에 대한 역사, 국가와 시장, 시민사회의 상호관계에 대한 역사를 한번 볼 필요가 있습니다. 대립과 갈등에는 역사가 있고 역사의 뿌리에는 사상적 갈등이 있고 사상적 갈등의 뿌리에는 권력투쟁이 있습니다. 그리고 권력의 이동에 따라서 역사는 변천해 온 것입니다. 우리가 중학교나 고등학교 수준으로 다시 돌아가 봅시다. 경찰국가, 야경국가, 복지국가 이런 것을 배웠지요.

경찰국가는 중상주의 사상을 바탕으로 하고 그를 위해서 국가를 강화해야 된다 해서 국가지상주의 사상에 근거하고 있습니다. 그래서 그때부터 우리 사회는 봉건시대로부터 국가주의 시대, 절대국가 시대로 넘어온 것입니다. 이때 이 사회를 주도한 사람들이 누구였냐면 여전히 권력은 귀족에게 있고, 새롭게 등장하는 계급이 행정 관료들입니다. 관료들이 권력을 가지고 독점 상인이 이들을 지원해서 결탁해서 만든 체제, 봉건 체제를 무너뜨리고 성립한 절대주의 국가, 이것이 경찰국가입니다.

여기에서 기업은 특허를 받아야 하고 그리고 국가의 더 특별한 보호를 받고 살아가는 세금을 내고 그렇게 했습니다. 그리고 국가는 식민지 침략 전쟁을 통해서 시장을 넓혀주고 그 원자재의 공급을 도와주고 그렇게 했습니다. 여기에서 시장의 주체는 특권적 지위를 누렸습니다. 그러나 문명의 발전은 막을 수 없는 것이어서 기술이 발달하고 사람들이 산업혁명을 이루면서 신흥 상공인 계급이 많이 등장을 하게 됐습니다. 우린 뭐냐, 그 질서에 신흥 상공인 계급이 저항해서 일으킨 것이 근대 민주주의 혁명이고, 따라서 경찰국가는 그때 시민혁명으로 붕괴되고 말았습니다.

그 뒤에 성립한 것이 야경국가지요. 야경국가는 초기의 자본주의, 소위 자유방임주의, 과학 근대 민주주의 사상의 결합에 의해서 그 사상이 결합된 체제, 이른바 '보이지 않는 손'의 이론이지요. 신흥 상공인 계급이 주도하는 시장 우위의 국가입니다. 이름은 시민 민주주의지만, 제한 선거에 의한 제한적 시민 민주주의, 재산과 교양을 가진 사람만이 투표권을 행사했거든요.

따라서 이 체제는 보기에 따라 그리스의 민주주의와 마찬가지로 시민 없는 시민 민주주의라고 말할 수 있습니다. 근데 자꾸 민주주의라고 했어요. 시민 민주주의라고…. 이 체제 하에서 자유와 민주주의, 자유와 평등을 얘기했지만 노동조합에 대해서 극심한 탄압이 있었고, 독점 자본이 등장하고 시장의 약자가 못 살 형편까지 몰리고, 소비자인 시민들도 손해를 보고… 마침내 이들의 이익에 의해서 제국주의 전쟁이 일어났습니다.

무산 계급이 등장하고 정치 세력화하면서 한쪽은 혁명과 사회주의, 독재, 계획경제의 국가로 넘어가버리고 한쪽은 보통선거를 통해서 복지국가, 사회 민주주의 이런 쪽으로 넘어갔지요. 사회 민주주의 쪽에는 시장이 남았고, 사회주의 쪽에는 시장이 죽어버렸습니다. 그래서 이제 앞으로 시장의 얘기는 소위 사회 민주주의, 수정 자본주의 쪽에서만 얘기를 해야 되겠지요. 그렇게 탄생한 것이 어쨌든 복지국가입니다.

이 복지국가는 수정 자본주의라고 흔히들 얘기를 하지요. 유럽의 사회 민주주의 또는 복지국가 뭐 이런 국가들이고, 우리가 좀 관심을 가지고 볼 것은 미국의 진보주의입니다. 프랭클린 루즈벨트가 그 시기에 진보적 개혁을 했는데 그 내용은 공정한 경쟁을 보호한다는 것입니다. 물론 1900년경에 테오도어 루즈벨트 시기에 이미 독점에 대한 규제는 있었습니다만, 그러나 본격적인 공정경쟁의 시대는 아니었습니다. 프랭클린의 시대에 와서 소위 공정한 경쟁을 보호하고, 노동과 약자를 보호하고 이를 위해서 재분배 정책을 실시하고, 공기업을 경영하고, 나아가서는 대규모 공공사업을 일으키고 이렇게 했습니다.

어떻든 사상의 기초는 사회정의 또는 사회연대의 사상입니다. 대체로 이 연대라는 것은 약자와 연대한다는 것을 의미합니다. 약자의 연대로써 정권을 잡자는 뜻인지, 또는 부자와 약자가 같이 연대해서 같이 살아보자는 뜻인지 잘 모르겠습니다만, 어떻든 솔리대리티(solidarity) 이렇게 주장, 구호를 외치고 있으니까 그것까지만 저도 알고 있습니다.

어떻든 시장에 대한 적극적인 개입과 규제, 나아가서는 국유화 정책, 그리고 경제적 약자에 대한 국가의 책임을 강조했습니다. 여기에 큰 차이가 있습니다. 국가는 시장에서 손 떼라가 아니고, 국가는 시장에 개입하라, 이것이 근대 복지국가 사상의 아주 중요한 차이입니다. 이 민주주의를 우리는 흔히 대중 민주주의 뭐 이런 용어로도 표현하는데, 정책 관점에서 이름을 어떻게 붙일 것인가 하는 것은 아직 남아 있습니다.

이 시기에는 그러면 새롭게 등장한 무산계급 내지 중산계급들이 진짜 권력을 잡았는가, 우월적 권력을 확보하고 행사했는가? 여전히 시장권력은 건재했습니다. 예를 들면 스웨덴 복지국가 같은 나라에서 기업을 어떻게 하느냐 그렇게 우리가 얘기를 합니다만, 그러나 가만히 들여다보면 그 나라에도 기업의 세력, 말하자면 시장권력은 여전히 막강한 정치적 파워를 행사하고 있습니다. 그래서 이것을 시민우위의 권력이라고 얘기해야 될지 아니면 여전히 시장우위의 권력이라고 얘기해야 될지, 여기에 대한 판단은 쉽진 않습니다. 그러나 한 가지 분명한 것은, 때때로 어느 쪽으로 우위가 이동하든 간에 시장권력과 시민권력이 갈등하면서 균형을 이루고 있었다는 것입니다.

그런데 한때 사회정의, 약자보호, 연대 이런 시민권력의 논리가 매우 강화돼서 보수정권이든 진보정권이든 간에 복지제도를 막 만들었습니다. 만드니까 소위 '복지병'이라는 것이 생겼지요. 한쪽에서는 실업수당 받아가지고 스페인으로 이태리로 휴가 가는 사람이 생겼다, 영국의 얘기지요. 이건 도덕적 해이입니다. 그리고 시민의 책임을 방기한 것이지요. 그래도 자기들끼리 먹고 살 때는 대강 견딜 만했는데 시장이 세계로 확대되면서 경쟁도 세계로 확대되면서 경쟁도 세계로 확대되니까 이제는 그런 체제 가지고는 경쟁을 유지할 수가 없게 된 것입니다.

그래서 새롭게 등장한 것이 오늘날의 신자유주의입니다. 그것이 대처리즘, 레이거노믹스 이것으로 오늘날에는 대체로 신자유주의 측 주장이 한쪽에서 좀 힘을 쓰고 있고, 한쪽에서는 여전히 과거의 복지국가는 아니지만 좀 새로운 복지국가 제 3의 길, 사회투자국가 뭐 이런 이론이 등장해서 서로 논쟁을 하고 있습니다. 전통적인 사회주의 이론은 요즘 혈통의 순수성을 계속 주장하면서 버티고는 있지만 국민들한테 별로 지지를 못 받아서 약세를 면하지 못하고 있습니다. 오늘날의 조류와 논쟁을 보면 그렇게 진행되고 있습니다.

그러면 신자유주의는 뭐냐? 조금 전에 말씀 드렸습니다만, 세계화 시대의 전통적 사회주의와 사회 민주주의의 복지병에 대항

하는 시장주의의 사상이다, 이렇게 볼 수 있고 대처리즘, 레이거 노믹스다 이렇게 말할 수 있습니다.

신자유주의는 작은 정부하라, 규제 철폐하라, 노동 유연화 하라 이렇게 주장합니다. 이 말은 해고를 자유롭게 하라, 공기업을 민영화하라, 그리고 시장을 세계로 개방하라, 보기에 따라선 신자유방임주의 같이 더 느끼기도 합니다. 그건 지난날 야경국가의 자유방임주의하고는 어떤 점이 다른가? 시장 내부 규제를 그래도 어느 정도 수용하는 그런 뜻에서 시장 내에서의 공정한 경쟁에 대해서는 국가가 비교적 중립을 취한다 하는 점에서 조금 다를 뿐이지 나머지는 과거의 야경국가하고 크게 다르지 않습니다.

어쨌든 시장주의의 신자유주의 노선이 채택된 나라는 시장우위의 국가입니다. 국가권력이 행사되는데 그 국가권력은 시장의 이익을 대변하는, 대표하는, 대행하는 권력의 행사가 됐습니다.

오늘날 보수주의 정치 노선은 여전히 이 주장을 멈추지 않고 있습니다. 그 결과로서의 양극화, 사회적 갈등의 심화, 비정규직 노동자 등등. 노동의 유연화로 인한 노동의 품질 저하로 인해 미래 경쟁력의 저하 문제가 지금 새롭게 발생하고 있습니다. 직장에 대한 애정이 없음으로 해서 팀워크가 형성되지 않고 그래서 개인 개인은 유능하나 팀으로서 또 기업 전체로서 시너지를 만들지 못하는 이런 문제도 지속되고 있다고 할 수 있습니다.

여기에 대해서 정치적으로 또는 철학적으로 근본적인 문제제기는 시장이 모든 문제를 다 해결해 주는가, 시장은 정의로운가,

시장이 지속 가능한 시장, 지속 가능한 사회를 과연 보장할 것인가, 말하자면 보수주의에 미래의 비전과 전략은 무엇인가 하는 질문을 던지고 있는 것입니다.

한편으로는 소위 제 3의 길, 사회투자국가론(영국 '신노동당' 노선의 경제·사회정책에 이론적 기반을 제공한 앤서니 기든스가 《제3의 길》(1998)에서 처음 사용하였으나, 스웨덴 등 북유럽에서는 80년대부터 '사회투자'의 개념이 적용되어 왔음) 이것은 역시 신자유주의의 극복을 위한, 폐해를 극복하기 위한, 불안을 극복하기 위한 진보의 새로운 전략이라고 말할 수 있습니다. 핵심은 사람이 경쟁력이다, 이렇게 주장하는 것입니다. 이것은 아마 오늘날 정보화시대와 무관하지 않을 것입니다. 잘 교육받은 국민, 역량 있는 국민, 그리고 건강하고 안정된 국민, 희망을 가지고 의욕에 넘치는 국민, 이것이 밑천이다, 그렇게 하기 위해선 교육복지의 기회가, 특히 교육에 있어서의 기회가 공정하게 열려 있어야 된다, 이런 조건이 따라 붙겠지요.

이것이 경쟁력의 밑천이기 때문에 교육복지 지출은 소비가 아니라 투자입니다. 미래의 경쟁력을 위한 선제적인 투자입니다. 1년 뒤를 본다면 교육 투자를 안 하지만, 5년 뒤를 본다면 교육훈련을 하고, 직업훈련을 합니다. 10년 뒤를 본다면 교육투자를 하는 것입니다. 아이들 교육에 투자를 하는 것이지요. 그렇게 하면 뒷날 본전이 나온다, 그 이상 나온다…. 선제적 투자지요.

보기에 따라서 거꾸로 얘기하면 미래에 많은 비용이 발생할 수 있습니다. 사람이 어릴 때부터 정신적으로 그리고 인성적으로 또는 지능적으로 건강하게 성장하지 못하면, 도덕적으로 올바르게 성장하지 못하면, 그때 그 이후의 사회에 주는 부담의 크기를 생각해보십시오. 뒤에 해결비용을 들이는 것보다는 어릴 때 교육으로 해결하자 하면 '예방적 투자'라는 관점에서 말할 수 있습니다. 그리고 1년 2년의 경쟁력이 아니고 5년, 10년, 30년, 50년의 경쟁력을 생각해 보면 교육투자, 그리고 건강한 사회 아니냐. 그래서 지속 가능한 경제를 위한 미래전략이다 이렇게 얘기할 수 있습니다.

특징은 역시 시장주의와 복지주의를 융합해 보자, 전통적 진보에서는 시장주의와 복지주의가 서로서로 대결적 균형을 이루고 있었는데 여기에서는 한번 융합을 해 보자, 이런 시도라고 볼 수도 있습니다. 진보의 이상을 버리지 않고 세계 경제에 대응해 가는 전략으로서 이런 새로운 사회를 한 번 만들어 보자, 그래서 특징은 경제정책과 사회정책이 융합돼 있습니다. 따라서 시장과 진보주의의 융합이 돼 있습니다. 이런 사람들을 뭐라고 이름을 지어줘야 될지 모르겠습니다. '시장친화적인 진보주의', 또는 보수적인 시장주의에 비하면 '진보적인 시장주의'라고 말할 수 있을지 모르겠습니다. 실험을 했고 어느 정도 실험의 결과가 나오고 있습니다.

토니 블레어의 영국은 '교육, 교육, 교육' 이런 구호를 내걸고 했는데 실제로 성장과 복지의 두 마리 토끼를 잡았다고 말할 수 있습니다. OECD에서 거의 아주 상위권 수준, EU에서는 아주 높은 수준의 성장도 발생했고 3% 이상 성장을 계속해 왔습니다. 토니 블레어 정권 동안에 복지도 많이 향상이 됐습니다. 일자리도 엄청나게 많이 늘어났습니다. 그러니까 요새 영국 보수당도 이 정책을 수용하기 시작하고 있습니다.

지금 어떤 야당 지도자가 혁신형 중소기업정책 이런 것을 채택한 것과 마찬가지로 좋은 것을 빌리는 것이지요. 보수당이 빌리고 있고, 클린턴의 진보정책이 이 궤를 가고 있습니다. 오히려 토니 블레어보다 한 발 앞서갔다고 말할 수 있는데, 제3의 길이라는 이름으로 했는데, 어떻든 클린턴 후반기부터 경제가 호황을 이루기 시작해서 지금까지 계속해서 미국경제가 호황을 이루고 있습니다. 전통적 진보주의는 퇴조하고 있기 때문에 오늘날 논쟁의 중심은 '신자유주의'와 '제 3의 길 또는 사회투자국가'라고 하는 이 사이에서 우리 논쟁이 진행되고 있다, 이렇게 볼 수 있습니다.

여러분은 어떤 선택이 옳다고 생각하실지 생각을 정리해 볼 필요가 있다고 생각합니다. 그러나 어떻든 제가 여러분께 말씀을 드리고자 하는 것은 '국가는 무엇을 해야 하는가' 여기에 대해서 말씀을 드리겠습니다.

이런 역사와 오늘의 논쟁을 놓고 지금 우리 국가는 어떤 선택을 해야 할 것인가? 어쨌든 그 전제로서 역사와 현실의 결론은 요컨대 '근대 국가는 구경꾼은 아니다. 그리고 반드시 중립적인 관리자도 아니었다.'… 앞으로는 될지는 모르겠습니다. 권력의 이동에 따라, 권력집단의 요구에 따라 개입을 했고, 개입의 방향과 내용이 그때그때 달라졌다….

지금 여러분은 국가가 무엇을 해주기를 바랍니까? 기업하기 좋은 나라를 원하시겠지요. 그래서 기업하기 좋은 나라, 기업하기 좋은 나라, 하면 다 의견이 일치될 것 같은데, 자세히 들여다보면요, 그렇지 않습니다. 기업하기 좋은 나라는 어떤 기업이 기업하기 좋은 나라인가… 기업 중에는 여러 가지가 있으니까요. 기득권을 가진 시장의 강자도 있고, 창의와 혁신으로 정정당당하게 승부하고자 하는 기업도 있고, 또 빽줄로 강철 파이프라인 달아 놓고 골프나 치고 다니는 기업도 있습니다. 어떤 기업이 기업하기 좋은 나라인가에 대해서 우리 한번 생각을 합시다.

저는 어떻든 국가는 혁신을 지원하는 나라라야 된다고 생각합니다. 경쟁력의 핵심은 역시 혁신입니다. 혁신에는 과학기술 혁신, 경영의 혁신이 있겠지요. 원칙적으로 혁신은 기업의 몫입니다마는 그러나 많은 비용이 들고 많은 시간이 소요되는 연구개발, 교육훈련 그리고 인재의 육성, 이것은 기업의 힘만으로는 되지 않습니다. 정부가 뒤를 밀어줘야 되는 것이지요.

정부도 옛날 정부 있고 새 정부 있지 않습니까? 어느 날 선으로 딱 싹둑 자를 수 있을지 모르지만, 옛날 정부 있고 새 정부 있는데, 정부가 혁신해야 혁신하는 사회를 만들 것 아니겠습니까? 혁신하기 좋은 사회를 만들지 않겠습니까? 그래서 자기가 혁신해야 합니다. 정부 혁신 하고 그리고 그것을 토대로 해서 국가혁신전략, 혁신국가전략을 세워서 국가가 혁신을 주도 하는 사회적 분위기를 만들어 나가야 합니다. 참여정부에서는 과학기술입국정책, 신성장동력 개발, 혁신형 중소기업 지원정책, 생태계 조성 등 하느라고 했습니다마는 어땠는지 모르겠습니다. 요즘 벤처기업은 어쨌든 뭐 별로 기분이 나쁘지 않겠지요. 어쨌든 간에 잘됐으니까요.

가장 중요한 것은 인재를 키워야 됩니다. 이것은 보수주의에서도 부인하지 않습니다. 그러나 문제는 첨단의 인재도 있고 보편적으로 수준이 높은 인재가 있어야 됩니다. 아무리 첨단 기업이라도 첨단 인재만 가지고 기업을 경영할 수 있는 것은 아닙니다. 그래서 수준 높은 교육도 필요하고, 보편적인 교육수준의 향상도 필요하고, 또 교육에 있어서의 균등한 기회도 제공해야 합니다. 그리고 교육의 내용에 있어서는 창의력 교육, 시민 교육, 인성 교육, 이것을 해 줘야 합니다. 외우기 교육 말고.

참여정부 들어오고 나서 매년 각 부처에서 5% 내지 6%의 구조 조정을 했습니다. 이 얘기는 무슨 말이냐 하면, 예산을 더 늘리지 않고 기존 사업을 버리고 새 사업을 선택하라… 아무래도 버리는 건 효율성이 떨어지는 것이고, 새 사업은 효율성이 높은 것을 하지 않겠습니까? 그래서 구조조정을 그렇게 계속 해 오고 있습니다마는, 남의 돈을 덜컹 뺏어올 일이 없고… 그래서 증가율을 가지고 조정하는 것이지요. 어떤 예산은 증가를 통제하고,

어떤 예산은 증가율을 높이고 이렇게 해서, 교육비용 좀 더 뽑아
내고 또 복지비용도 좀 더 뽑아내고 이렇게 했습니다만, 원천적
으로 돈이 모자랍니다.

　그래서 이 문제에 대해서는 어떤 정치하는 사람이 인재를 키
우자, 아이를 키우자, 전적으로 국가가 책임지자 이렇게 말하는
것이 중요한 것이 아니고, 국민들한테 '돈 조금 더 냅시다.' 교육
예산으로 GDP 1%만 더 내 주면 우리나라 교육문제는 화끈하게
해결돼 버립니다. 아마 한 10년간 그렇게 가버리면, 미국에 적어
도 대학생이나 대학원생 유학은 갈지 모르지만 뭐 초중등학생
유학 가는 것은 다 끝나고, 사교육비 문제도 다 해결되고, 공교육
이 탄탄하게 자리를 잡아갈 수 있게 할 수 있습니다. 대학도 세계
일류 이류 할 수 있는 대학도 만들 수 있습니다.

　돈입니다. 어떻든 이거 해야 됩니다. 그래서 결론은 돈을 쓸 줄
아는 나라입니다. 교육을 지원하는 나라… 이렇게 말하는 건 거
짓말이고요, '돈을 쓸 줄 아는 나라', '돈 좀 거두겠다고 하는 나
라'라야 합니다. 하물며 '세금 깎겠다'고 하면 정말 곤란합니다.
우리가 전체 교육복지 이쪽에 지출하고 있는 비용이 선진국에
현저하게 못 미치기 때문에, 절반이 안 되는 수준이기 때문에 뭐
어쩌고저쩌고 하는 건 안 되는 일입니다.

　고용을 지원하는 나라라야 됩니다. 고용을 알선하고 직업훈
련, 평생 교육, 그래서 모든 국민들에게 보편적 직업 능력을 향상
시켜 주고 이 직장에서 다른 직장으로 직장을 옮길 수 있는 전업

능력을 향상시켜 줘야 합니다. 이것을 위해서 고용 보험과 적극적 시장정책(실업급여 등 소극적 생계보장에서 벗어나 직업 훈련, 취업 지원, 고용 보조 및 지원 등에 중점을 둔 정책으로서 일자리 문제에 대한 보다 구조적인 접근)이 필요하다는 것입니다.

다음에, 기업하기 좋은 나라는 적극적으로 시장을 넓혀가는 나라라야 됩니다. 시장을 넓히는 것은 기업의 손에 들어 있습니다. 경쟁력이 높으면 시장이 넓어집니다. 그러나 경쟁력을 높이기가 쉽지 않기 때문에 국가가 시장을 개방해 줘야 된다는 것이지요. 적극적으로 개방해 줘야 합니다.

여기에 대해서 반대가 많습니다. 진보진영에서 반대하죠. 보수진영에서는 찬성하고, '노무현 정부 5년 동안에 잘한 것 딱 한 가지 있는데 FTA 그거 딱 한 가지다' 했는데, 그래도 어쨌든 잘했다 하니까 기분이 좋습디다. 보기 따라 욕이지요. (일동 웃음) 욕인데, 욕이라도 매 욕만 듣다가, 한 가지라도 칭찬해 주니까 그때 한 한 달 동안이라도 한나라당이 이뻐 보이더라고요. (일동 웃음, 박수) 여러분들께서도 찬반이 없지는 않겠습니다마는 역사적으로 교류하지 않은 문명은 다 소멸했습니다. 교류한 문명은 죽은 놈도 있고 산 놈도 있지만 교류하지 않은 문명은 다 소멸됐습니다.

그리고 세계 역사는 통상하는 국가가 주도해 왔습니다. 요즘 우리 정부는 적극적인 해외 투자 전략으로 민간기업 해외 투자 지원, 공기업 해외 투자, 이런 문제에 대해서 체제를 전부 정비하고 있습니다. 이 문제와 관련해서 자꾸 미국의 압력이라 하는데,

이제 우리 수준이 그 수준 아닙니다. 미국이 요구하면 다 압력이고 EU가 요구하면 압력 아니고, 이거 이상하잖아요? 그래서 압력이라는 얘기 안 했으면 좋겠습니다. 압력이라는 용어가 신사대주의 용어인 것 같습니다, 개방과 관련해서.

뭐니 뭐니 해도 기업하기 좋은 나라는 시장이 자유롭고 공정한 나라입니다. 자유롭고 공정한 시장이 경쟁력을 높이는 것이지요. 자유로운 시장, 그런데 누구로부터 자유로운 시장인가?

첫째는 국가로부터 자유로운 시장, 말하자면 '관치경제 그만하고 시장경제 하자' 이 말입니다. 이제 넘어왔지요? 국민의 정부 시절로 해서 넘어 왔습니다. 관치금융이 끝나는 시점에서 관치 경제는 끝나는 것이지요. 대개 그래도 남아있는 규제 중에 관료적 규제, 관료의 우월주의와 편의주의, 또는 그런 관료적 규제들이 많이 있을 수 있다, 폐지하고, 더 좀 확대해서 얘기하면 거시경제를 정치중립적으로 관리해 주고 중앙은행을 독립시켜라, 이런 것이죠. 이것도 광의로 자유로운 시장이라고 말할 수 있을 것입니다.

또 한 가지는 시장 안에서 독점적, 우월적, 특권적 기득권을 가진 시장의 강자로부터 자유로운 시장을 만들어 줘야 된다, 이런 것이지요. 여기에 대해서 똑같이 시장주의라고 얘기하는 사람은 서로 의견을 달리하고 강자의 권리를 보호해 주지 않는다고, 왜 시장을 존중해 주지 않느냐고 외치는 사람들이 있는데 하여튼 누구에게나 자유로운 시장, 공정한 시장이 자유로운 시장입니다.

그래서 이제 자유로운 시장 얘기는 대강 그만 하고, 이제는 투명하고 공정한 시장 얘기를 해야 됩니다. 공정한 시장, 공정한 거래, 공정한 경쟁 이런 것이지요. 독점을 금지하고, 불공정 경쟁, 불공정 거래 그 다음에 부당 내부거래를 금지하고 이런 것입니다. 그런데 개별 불공정 행위를 규제하려고 하니까 그게 힘이 드니까, 통째로 독점하면 반드시 나쁜 짓 하니까, 독점 막아버려라 해서 독점 금지, 기업 결합 금지, 순환출자 금지, 출총제(대기업집단의 과도한 확장과 이로 인한 경제력집중을 억제하기 위해, 자산총액 10조원 이상 기업집단의 자산 2조원 이상 계열사 출자를 순자산의 40% 이내로 제한하는 제도) 해서 기업이 덩치를 키우고 결합하기 어렵도록 자꾸 만들지요. 옛날에는 독점을 못 하게 하는데 목표가 있었는데, 지금은 독점 문제는 큰 문제가 아니지요. 오히려 이제 불공정한 경쟁구조가 문제입니다.

그런데 원천봉쇄라는 것이 기업 자유에 대한 상당한 침해가 되기 때문에 이 부분에 관해서는 개별적인 행위에 대한 규제를 강력하게 강화하고 출총제는 개선하자, 이게 참여정부의 전략입니다. 그런데 개별 행위의 행위 규제의 강화는 안 하려고 하고 출총제만 풀어라 하니까 얘기가 좀 잘 안 되지요. 개별 행위의 규제를 강화하기 위해서는 법이 없는 것이 아니고 능력이 있어야 됩니다. 그래서 공정거래위원회를 강화하고 공정거래위원회의 조사권 내지 수사권 그리고 금융정보 요구권 이런 것들을 강화시켜 줘야 합니다.

공정거래위원회를 강화하는 데 대해서는 여러분은 우호적 이해관계를 가지고 있습니까? 또는 적대적 이해관계를 가지고 있습니까? 중소기업중앙회 한다는 사람들, 공정거래 문제에 대해서 아무 말씀 안 하시고 있으니까 속 타지요. (김기문 중기협회장: "지금 많이 하고 있습니다.") 많이 하고 있습니까? 공정거래위원회를 강화시켜 줘야 됩니다. 투명한 시장, 그래야 공정한 경쟁이 되지요. 이것을 꼭꼭 경영을 공시하라, 사외이사를 채용하라, 집단소송제(상장·등록기업의 50명이상, 유가증권 총수의 0.1%이상을 보유한 소액투자자들이 주가조작·분식회계·허위공시 등으로 피해를 본 경우 한사람이 소송을 제기해서 승소하면 나머지 투자자들도 같은 보상을 받는 제도)를 받아들여라, 뭐 이런 얘기들이 많이 있습니다. 사외이사제 관련해서는 경영민주화 문제도 걸려 있습니다만 오늘 주제가 아니기 때문에 넘어갑니다.

또 시장이 안정된 시장이라야 합니다. 기업하는 사람한테 안정된 시장은 대단히 중요합니다. 98년 시장이 출렁일 때 기업이 초토화돼 버렸지요. 기업이 쓰러지니까 시장이 무너졌다고 볼 수 있지만, 보기 따라서는 금융위기가 오고 경영시스템이 붕괴되고 전체가 붕괴되니까 기업들이 초토화돼 버렸지요. 안정된 시장이라는 것은 매우 중요합니다.

시장이 출렁일 때 투기꾼들은 재미를 봅니다. 외국에 소위, 무슨 펀드, 헤지펀드, 투기성 자본들이 우리나라 외환위기 당했을 때 얼마나 재미를 봤습니까? 여러분 잘 아시지요, 시장의 강자,

또는 기회를 보는 사람들에게는 유리할지 모르겠지만 널뛰는 시장은 정상적인 기업, 특히 약한 기업, 약한 시민에게는 파멸을 의미합니다.

그러므로 공정한 안정된 시장이라야 합니다. 그것도 공정한 시장의 일부로 포함될 수 있습니다만, 그 자체로도 매우 중요하기 때문에 안정된 시장, 이것은 매우 중요한 의제로 관리할 필요가 있습니다. 지난 5년 동안 저한테 경기부양 안 한다고 얼마나 뭐라 하는지 정말 힘들었습니다. 정말 힘들었는데, 정치에 원칙이 있듯이 경제에도 법칙이 있습니다. 법칙에 반하는 경제정책을 하면 반드시 보답을 받게 되는 것 아닙니까? 나쁜 정책을 쓰면 나쁜 보답을 받는 것이지요. 보복을 당하는 것이지요. 물론 경기 부양은 필요합니다. 일상적인 경기 관리의 측면에서 필요한 것이겠지요.

어떻든 투명하고 공정한 시장, 그리고 안정된 시장 관리는 국가의 책임입니다. 이것을 위해서 국가는 상당한 개입과 규제가 필요합니다. 앞으로 '시장에서 손 떼라' 이렇게 여러분들은 얘기 안 해 주시면 좋겠습니다. '합리적으로 개입하라' 이렇게 말씀해 주시면 고맙겠습니다.

반값 아파트 그거 안 된다고 검토 다 하고 벌써 폐기해 버린 정책인데, 어느 날 반값 아파트 얘기가 나왔어요. 정책 검토 해보니까 이치상 안 되게 돼 있는데 누가 '반값 아파트'라고 흔들어 버리니까 온 정치권이 흔들고, 언론이 동시에 흔들고, 국민들이

와 하고 따라가고… 그래놓고 반값 아파트 만들어 놓으니까 청약도 안 하고… 나보고 또 '니, 그리 밖에 몬하나?' (웃음)

관치경제, 시장 개입으로 우리 경제 위기를 당했기 때문에 다시 그런 일이 없도록 해야 하고, 시장에서 강자의 자유를 국가가 조작하는 일이 없도록 각별히 주의해야 합니다. 우리나라의 시장수준이 얼마만큼 왔냐, 여러 가지 얘기할 수 있겠지만 적어도 시장 수준이 지난 10년 동안에 획기적으로 진보한 건 맞지 않습니까?

'잃어버린 10년' 얘기하는 사람들은 왕년에 관치경제 시대에 잘 주물러진 시대의 관료들, 또는 권력자들, 또한 그 관치경제 시대에 정경유착 해가지고 잘 나가던, 말하자면 공정경쟁을 위해서 내놓아야 될 것을 안 내놓고 버티고 그렇게 했던 사람들입니다. 그 사람들은 '잃어버린 10년'이라고 얘기할 수 있을지 모르지만 여러분, 지난 10년 동안 잃어버린 게 뭐지요? 있으면 신고하십시오. 찾아드리겠습니다. (웃음)

'기업친화적인 사회', 이렇게 한번 얘기를 해보겠습니다. 제가 지금까지 말씀드린 것은 소위 요새 말하는 '사회투자국가론'이라는 이론을 기초로 해서 말씀을 드린 것입니다. 책만 읽고 또 자기 생각을 그대로 만들면 좀 아무래도 우리한테 안 맞을 수도 있지요. 우리 한국에서 지난 5년 동안 저도 정책을 하면서 보고서만 받은 것이 아니고 정책 당사자들, 정책 수요자들을 초청해서 청와대에서 계속 토론하고, 한 번도 아니고 두 번 세 번 네 번 토론하고 해가면서 그렇게 정책을 해본 경험이 있으니까 저도 좀 알지 않겠습니까? 저도 공부 잘합니다, 고등고시도 합격하고요. 하여튼 사회투자 국가론이라는 것을 골간으로 또 우리 정세에 맞도록 설명한 것이 지금까지의 기업하기 좋은 나라에 대한 설명이었습니다.

또 하나 '사회적 자본의 이론'이라는, 사회적 자본론이라는 새로운 이론이 있습니다. 사회구성원들이 공동의 목표를 효율적으로 추구하기 위하여 적극적으로 참여하고 상호 조정과 협력을 촉진하는 그런 일이 잘 돌아가는 사회, 그런 사회를 사회적 자본이 풍부한 사회라고 합니다.

한 5명 학자의 정의가 소개되어 있는데 너무 서로 달라서 이를 짜 맞추느라고 한참 시간이 걸렸습니다. 어떻든 인적 자본, 물적 자본에 대응하는 개념으로서 경영의 성공을 위하여 매우 중요한 개념입니다. 퍼트남, 콜먼, 후쿠야마, 또 누구누구라고 《상생경영》이라는 조그만 책이 나와 있습니다. 우리 산업자원부에서 후원하고 해서 만든 책인데, 그 책에 보면 얼마 전에 남미에서 열린 세계 경영학회 총회에서 바로 사회적 자본론을 소위 경영의 성공요소로 채택을 했다, 이런 기록을 제가 본 기억이 있습니다.

내용을 보면 상호신뢰, 친사회적 규범, 공동체주의, 자발적 네트워크 등등 전체적으로 우리가 배운 것하고 크게 다르지 않은 보편적 도덕규범, 보편적 윤리규범에 해당되는 것 같았습니다. 어떻든 기업하기 좋은 사회는 사회적 자본이 충실한 사회로 정의

할 수 있다, 이것은 아마 큰 이론이 없는 거 아닌가 생각합니다.

어떻든 그것을 참조하고, 제가 항상 지론으로 생각하는 그 기업하기 좋은 사회, 투명하고 공정한 시장이 되기 위해서는 그 사회의 문화가 투명하고 공정한 사회문화여야 합니다. 시장 바깥에서라도 특권, 유착, 권위주의 그런 것이 해소되고, 공직사회가 투명해지고, 물론 정보공개, 권언유착의 해소 이런 것들이죠? 권력에 의한 청탁 같은 것이 없는 이런 사회문화를 가져야 합니다.

그 다음에는 신뢰성이 높은 사회로 가야 합니다. 상대방을 잘 알고 잘 믿을 수 있으면 무슨 조사비용 들지 않습니다. 우리가 물건을 하나 사먹더라도 토종 도라지라는데 맛보면 아니고, 토종 고사리라는데 토종 고사리 아니고, 한우쇠고기 아니니까 사먹을 수가 없어요. 만일에 사먹으려고 하면 그거 조사하고 증명해야 하는 데, 우리 사회가 엄청나게 신뢰가 높고 정직한 사회라고 한다면 무슨 생산이력제 만들고 뭐 조사하고 할 필요가 없지요? 공무원들이 그거 단속하느라고 돌아다닐 필요가 없지요. 비용이 얼마나 생략되겠습니까?

물질적 비용은 물론이거니와 심리적 비용도 얼마나 생략되겠습니까? 신뢰가 높은 사회, 그래서 거짓말 좀 하지 말자, 제발 원칙 좀 지키자, 이렇게 얘기하는 것입니다. 정부정책이 너무 자주 바뀌는 데 대해서 항상 불편하시죠? 그래서 예측가능성이 있어야 합니다. 어떻든 투명성이 높고 원칙이 바로 서 있는 사회라야 기업하기 좋은 사회다 이렇게 말씀 드릴 수 있겠습니다.

그 다음에는 우리 사회가 통합성이 대단히 높은 사회라야 합니다. 갈등하고 싸우고 시비하느라 너무 많은 시간을 보내게 되면, 일도 안 될 뿐더러 비용도 많이 들어가고 시간도 많이 걸리고 효과도 많이 안 나고, 그런 것 아니겠습니까?

그래서 대화하고 타협하는 문화가 매우 필요하지요. 대화와 타협, 양보하는 사회문화 이런 것인데, 대화한다고 다 풀리는 게 아닙니다. 어떤 대화든 대화하는 데는 그 사회가 보편적으로 수용하는 원칙과 기준이 있습니다. 그 기준에 부합하는 쪽에서 약간의 융통성을 발휘하는 것이죠. 그래서 원칙이라는 것, 기준이라는 것은 굉장히 중요합니다.

오늘 이 말 하고 내일 저 말 하고 수시로 말이 바뀌는 사회에서는 아무리 호의를 가지고 대화하려 해도 대화하고 타협할 수 있는 기준이 존재하지 않습니다. 원리가 존재하지 않는 사회는 대화가 불가능합니다. 그래서 대화를 하려면 원칙이 바로 서 있어야 하는 것입니다. 그래야 승복이 가능하지요. 절차에 의한 해결일 경우에 원칙이 있어야 승복이 가능한 사회가 되는 것이죠. 이런 갈등관리가 가능한 사회라고 말할 수 있습니다.

통합성이 높아야 합니다. 통합성이 높기 위한 사회적 조건으로는 상생협력이라든지 동반성장의 문화, 이런 것이 있죠. 상생협력, 동반성장 정책을 하느라고 서로 불러놓고 얘기를 했는데, 굉장히 고민을 많이 했습니다. 대통령이 팔 비틀어 가지고 '당신들 동반성장, 상생협력 하시오'해서 되는 일이 아니고, 그것이 효율적이라고 하는 이론적 근거가 나와 있어야 되는 것이죠. 사회적 자본론에 비추어보면 그런 문화는 굉장히 효율적이라고 일단 말할 수 있어야 되니 학자들한테 그런 것을 맡기고 도움을 받기도 했습니다.

중요한 것은 이제 기업 간 경쟁에서 기업생태계 간 경쟁, 협력업체가 우수해야 내가 경쟁에서 이길 수 있다, 이런 논리가 받침이 되는데, 이것 역시 우리가 신뢰사회, 통합사회를 말하는 것이죠. 노사문제가 해결되지 않는 데는 이런 점들이 있습니다. 아까 원칙이 있어야 대화가 풀린다라고 얘기했는데, 그 사회에 일정 수준의 균형도 있어야 합니다. 균형이 깨지고 나면 마음으로 다 그것을 수용할 수 없기 때문에 끊임없이 갈등이 발생합니다. 그래서 어느 정도 지역 간, 계층 간 균형사회를 만드는 것은 갈등의 예방과 통합에 매우 중요한 의미를 가집니다.

대화와 타협으로 문제를 풀 수 있는 전제는 균형을 갖추었을 때입니다. 고등학교 3학년하고 초등학교 3학년하고 같이 붙여놓고 "니들 대화로 해결해라" 하면 고등학교 3학년이 다 뺏어먹죠. 해결이 안 되는 것이죠. 힘의 균형이 있을 때 갈등이 덜 일어나고, 갈등이 생겼을 때 그것을 대화로 풀 수 있는 것은 세력의 균형, 힘의 균형이 갖추어져 있을 때입니다. 균형사회라는 것은 대단히 중요합니다. 모든 영역에서 우리는 균형사회를 말할 수 있습니다. 지금처럼 균형발전은 지역에 관련된 것입니다.

그 다음 안전하고 안정된 사회, 미래에 불안이 없는 사회, 국내

질서, 다 얘기했는데, 이건 아까 일종의 사회투자국가에서 말한 거하고 거의 같은 것이죠. 사람이 희망과 의욕을 가지고 열심히 일 하려면 평화가 보장된 사회를 만들어야 합니다. 평화에 대한 불안이 없는 사회, 평화주의, 이것은 기업하기 좋은 나라의 핵심 적인 조건입니다.

요새 평화가 되는가 했는데, 누가 '한국은 통일비용 때문에 등 급을 올려줄 수 없다. 한국은 큰 통일비용 부담할 것이다' 말했는 데, 한국의 통일 프로세스에는 통일비용이 없습니다. 통일비용은 전쟁통합이나 흡수통합할 때만 발생하는 것입니다. 경제통합도 일정 수준에서 완전한 경제통합이 이루어질 수 없는 것이고, 거 기에는 급격한, 독일에서 지출했던 그런 통일비용은 없습니다.

우린 장기적인 투자, 지원, 그런 것이 있을 뿐이고, 그것은 전 부 나중에 우리 시장을 키우고, 우리의 투자 기회를 만들고, 구조 조정의 어려움을 겪고 있는 기업들이 잠시 한숨 돌릴 수 있는 기 회를 만들고, 굉장히 좋은 기회가 연결돼 있기 때문에 대북정책 의 비용은 대부분 투자이지 소비적인 비용만은 아닙니다. 그것 은 수십 년 동안 점진적으로 투자할 것이기 때문에 통일비용이 라는 개념은 우리나라에는 맞는 개념이 아니다, 그거 꼭 국민들 한테, 외국 사람들한테 얘기를 좀 해 주십시오. 매우 중요한 문제 입니다. 평화가 보장된 나라가 기업하기 좋은 나라라는 내용이 었습니다.

처음에 말씀드렸다시피 시장을 주도하는 사람이 우리 사회를 주도하고 정치를 주도하게 돼 있습니다. 정치적 관점에서 기업 하기 좋은 나라는 반드시 민주주의라야 됩니다. 자유와 창의, 이 건 민주주의 핵심이지요. 자유와 다양성은 창의와 혁신의 근본 입니다. 그게 민주주의이지요. 투명하고 공정한 시장, 공정한 사 회는 민주주의의 핵심적인 원리이지요?

법치주의는 원칙 있는 사회의 기초, 나아가서 신뢰 사회의 토 대가 되는 것입니다. 그리고 이 정도면 지금 우리 민주주의 수 준으로도 어느 정도 갈 수 있습니다. 근데 앞으로 우리 민주주 의는 성숙한 민주주의라야 됩니다. 성숙한 민주주의라야 대화 와 타협이 가능하고 사회가 조정되고 통합할 수 있는 것이기 때 문에, 성숙한 민주주의 사회로 가자, 그래야 궁극적으로 우리나 라의 기업도 세계적인 경쟁력을 가진 기업, 멀리 내다보고 갈 수 있는 기업이 될 것이다, 그렇게 생각합니다.

그래서 성숙한 민주주의, 보다 수준 높은 민주주의에 대한 우 리 목표를 가져야 됩니다. 대체로 민주주의가 얼추 다 끝난 것처 럼 말하는 분들이 하도 많고, '이제 민주주의 하지 말고 경제 해 라' 이런 말을 하는 사람들이 많은데, 제 주장은 '경제는 이대로 가면 되니까 민주주의나 똑똑히 하라'는 것입니다. 이 수준의 정 치에서 경제만 계속하면 이 자리에서 맴돌 것입니다. 경제는 이 원리대로 가고 정치의 수준을 높이면 우리 경제는 새로운 수준 으로 업그레이드될 것입니다. 그래서 민주주의 수준을 높여야 된 다, 사회적 자본을 더욱 충실하게 만들어야 된다, 이런 것입니다.

과연 한국의 보수주의는 특권과 반칙 그리고 유착의 문화를 걷어내고 원칙이 통하는 사회를 만들 것인가? 과연 투명하고 공정한 시장, 투명하고 공정한 사회를 만들 것인가? 강자의 기득권이 아니라 정정당당하게 경쟁하는 기업, 혁신하는 기업을 지원할 것인가? 나아가서는 시장에서 낙오한 많은 약자들에 대해서도 그들을 보호하고 나아가 그들을 다시 평생교육의 프로그램에 넣어서 기업이 필요로 하는 직장인으로 복귀시켜 줄 것인가….

돈이 많이 듭니다. '비전 2030'(세계일류국가, 선진한국의 비전과 국가발전전략을 종합하여 전략적 체계로 재구성한 것으로 25년을 내다보고 만든 장기계획)이 바로 이런 프로그램인데, 이걸 반대하는 걸 보니까 그럴 생각이 없는 거 아닌가…. 기업하기 좋은 나라에 대한 보수주의의 생각은 '작은 정부 해라'이겁니다. '시장에 맡겨라' 하는데, 여러 차례 얘기했습니다만 그러면 공정한 시장이 되기가 어려울 것입니다. 세금과 재정, 인력을 줄이고, 인재 육성, 고용 지원, 그 다음 직업 훈련 이런 것을 할 수 있을 것인가…. 안전한 나라, 안정된 나라, 기회가 보장된 나라, 이런 것이 가능할 것인가….

그렇습니다. '시장에 다 맡겨라' 그러는데, 아까 얘기했지요? 시장은 만능이 아닙니다. 그리고 시장도 여러 가지가 있지 않습니까. 이제 우리 역사에서 보았듯이 똑같은 시장주의도 야경국가도 있고 복지국가도 있고 소위 사회투자국가의 시장도 있지 않습니까?

그 다음에 공정한 시장이라는 또 하나의 주제는 민주주의의 진보에 따라 따로 존재하지요. 그래서 어떤 정치가 필요하냐? 제가 쭉 말씀을 드렸다시피 사회투자론에 기초한 정치, 사회적 자본론에 유사한 정치, 이런 것입니다. 이것은 정치적으로 무엇을 의미하느냐 하면, 시장권력과 시민권력이 융합하는 것을 의미합니다. 과거의 진보주의는 시장권력과 시민권력, 시장과 시민사회가 대립적 갈등과 균형을 이루는 것으로 봤습니다.

앞으로는 이것을 대립적 갈등이 아니라 호의적 갈등… 갈등이 없을 수 없으니까, 우호적 갈등관계와 상호정책의 융합을 통해서 새로운 성과를 한 번 만들어 보자, 새로운 시장, 새로운 사회를 한 번 만들어 보자, 그런 것이기 때문에 막연한 단순한 절충과는 좀 다릅니다. 전통적 진보주의하고는 다르기 때문에 이름을 붙여야 되겠는데, 개념이라는 것이 정말 어려운 것입니다.

여러분, '벤처기업' 하니까, 간단한 것 같지요? 모험적 기업, 말하자면 승산이 10분의 1밖에 안 되는 모험에 도전하고 있는 기업이 벤처기업 아닙니까? 아니지요. 여기 있는 분들은 이미 모험의 기회를 넘어섰으니까 여러분들은 첨단기업이지요, 그렇지요? 근데 첨단기술이 아니라도 얼마든지 혁신형 기업이 있을 수 있습니다. 새로운 첨단기술 말고도 고도의 기술들은 얼마든지 있습니다. 전통산업에서도 끊임없이 고도의 기술이 나옵니다. 탱크 나온 지가 언젠데 지금도 계속 탱크 개량하고 있습니다. 비행기도 1905년에 나왔으니까 나온 지 100년이 넘었는데 계속 개량

하고 개발하고 있지요. 그래서 혁신형 기업이지요. 그러니까 '다 뭉뚱그려서 쉬운 대로 벤처라 합시다' 이래 된 거 아닙니까? 이걸 구분하고 누가 시비를 붙기 시작하면 여러분도 대답하기 곤란할 겁니다. 이건 객담입니다.

너 진보주의냐? 맞아. 너 시장주의냐? 맞아. 그럼 너 막둥이냐? (웃음) 이것도 그렇다, 저것도 그렇다…. 시장주의를 어떻게 생각하느냐에 따라 그 말 이 두 개가 조화될 수 있다고 생각하는 사람들도 있고, 전혀 딴소리하고 있다고 생각하는 사람들도 있습니다. 개념이 문제인데, 어렵습니다. 진보적 시장주의. 여러분들은 시장에서 일하는 분들이니까 시장주의를 지지해야 되는데, '자유 시장주의'는 공정한 경쟁을 기조로 하는 것이고요, '진보적 시장주의'는 미래를 위한 투자를 할 줄 아는 시장, 시장 외적인 환경을 만들어 갈 줄 아는 시장이라고 봐야 합니다.

진보적 시장주의. 저는 본시 진보주의니까 그렇게 말할 수가 없지 않습니까? 그래서 시장친화적 진보주의다, 이렇게 하니까 좀 길어요. 그럼 적당하게 꿰어 맞추는 게 진보냐, 민주주의랑 무슨 관계가 있느냐.

진보주의는 실질적으로 민주주의에 내재하는 가치입니다. 본시 민주주의 안에는 진보주의 사상이 내재하고 있습니다. 많은 사람들이 자유와 평등을 대립적인 개념이라고 책에 써놨는데, 저는 그렇게 생각하지 않습니다. 평등한 사회만이 자유가 있습니다. 자유, 누구로부터 자유입니까? 사람으로부터의 자유 아닙니까? 사람의 지배로부터의 자유를 의미하는데, 하늘의 지배를 받는데 내가 뭐 '자유를 달라' 이렇게 아무도 말하진 않아요, 그렇지요? 자연환경의 지배를 받는데 그걸 자유와 속박의 문제로 얘기하진 않는다는 것이지요. 자유와 속박의 문제는 기본적으로 인간과 인간의 관계, 그 중에서도 지배관계에서부터 발생하는 속박의 문제이기 때문에, 자유와 평등을 얘기할 때는 평등이 근본입니다.

어쨌든 연대, 사회정의를 이상으로 하는 진보주의는 민주주의 안에 내재해 있는 가치입니다. 진보라야 민주주의입니다. 그동안에는 시민민주주의, 실질적인 민주주의가 아니면서 자꾸 민주주의라고 주장하고 내려온 것이 우리 민주주의의 역사이고, 그것을 끊임없이 부정하고 개선하려는 것이 지금의 역사입니다. 그래서 역사는 진보한다, 그러나 완결은 없다는 명제가 성립될 수 있을 것입니다.

갈등의 예방, 대화와 타협, 사회통합의 조건도 진보의 이상에 가까운 사회가 돼야 가능하다 말할 수 있고 이를 위해 국가가 책임을 다해야 한다는 정치이론이 진보주의입니다. 시장주의와 진보주의의 차이를 한마디로 얘기하면, 국가의 역할을 구경꾼으로 보고 '가급적이면 간섭하지 말라' 또는 '강자의 편에 서라' 이것이 보수주의라고 하면, '적극적으로 개입해라' 그것이 진보주의입니다.

그래서 '작은 정부론'을 놓고 제가 지금까지 싸우고 있는데, 섭

섭한 것은 도움을 볼 만한 사람들이 저더러 자꾸 개입하지 말라
는 거예요. 작은 정부 하라는 것입니다. 공무원 숫자 줄이라는 것
입니다. 그래서 TV보면 오늘도 식료품 사고 나고, 어디도 뭘 사
고 나고, 이것도 안 되고 저것도 안 되고….

보수주의는 전통적으로 대외정책에 있어서 대결주의를 취합
니다. 국내 정책에 있어서도 대결주의를 취하지만, 대외정책에
있어서도 대결주의를 취하는 경우가 보통입니다. 지금 미국을
보십시오. 어느 나라 없이 흔히 강경파라고 불리는 쪽이 대결주
의를 가지고 있습니다. 일본의 보수주의 한번 보십시오. 대결주
의 입장에 항상 서 있지요. 국수주의는 대결주의와 일맥상통합
니다. 그래서 평화는 진보주의가 가깝다, 그렇게 이해를 해 주십
시오.

사인할 때 저의 표어는 '사람 사는 세상'입니다. 그런데 제 생
각에는 사람 사는 세상이라는 것이, 그리로 가기 위한 길이 지금
까지 제가 설명 드린 기업하기 좋은 나라의 내용과 전혀 다르지
않다고 생각하는데, 여러분은 어떻게 생각합니까? 좀 달라 보입
니까? 비슷해 보입니까?

여러분은 본질적으로 시민입니다. 그리고 민주주의 사회에
서, 국민주권 국가에서 여러분은 주권자입니다. 어떤 정부를 가
질 것인가는 여러분이 선택합니다. 어떤 정부가 앞으로 만들어
질 것인가에 대해서는 여러분의 책임입니다. 내가 간단하게 오
늘 내일의 선거를 가지고 얘기하는 것은 절대 아닙니다.

제가 오늘 여러분들께 미래를 얘기하러 왔습니다. 얘기하다가 오해받을 소지도 있겠는데 그 점에 대해서 어떤 영향을 끼칠 생각은 없습니다. 제 생각에는 보수주의의 문제점은 정의, 연대의식, 연대의 가치, 지속가능한 미래에 대한 전략이 없다는 것입니다. 보수주의 이론에 대해 여러 가지 탐구를 해 봤는데, '미래에는 어떻게 되느냐'고 물으면 오로지 '보이지 않는 손' '성장하면 해결된다'고 말할 뿐입니다.

그러나 성장하면 해결된다는 것은 사실이 아니라는 것이 이미 역사적으로 증명돼 있습니다. 그리고 성장만 하면 다 해결되고 세금은 깎고, 세출도 줄이고, 정부도 줄이자고 하면서, 해 주겠다고 약속하는 것은 한 보따리입니다. 그러니까 정치의 신뢰를 깨뜨려 나가는 것이지요. 이렇게 하면 정치가 망합니다. 정치가 망하면 나라도 망하지요.

그래서 저는 여러분에게 진보적 시민 민주주의를 한번 해 보자고 제안합니다. 시민 민주주의는 역사적 개념이어서 이 시민에는 옛날에 흔히 말하는 부르주아 계급만 포함되고, 돈이 많지 않은 사람은 포함 안 되는 개념으로 그렇게 이미지가 남아있습니다. 그러나 그것은 그 시기 민주주의가 잘못되어서 시민이라는 말이 잘못 사용된 것이고 민주주의가 올바르게 갔을 때, 보편적 시민이 주도하는 민주주의가 됐을 때는 시민 민주주의라고 이름을 부르는 것이 적절하다고 생각합니다.

그래서 저는 시민 민주주의를 복원하자, 제대로 된 시민 민주주의 사회가 답이다, 민주주의에는 진보주의가 내재돼 있는 것이다, 그래서 진보적 시민주의, 이런 것을 참여정부가 추구해 왔고 앞으로 제가 개인적으로 추구해야 될 정치적 노선이라고 저는 그렇게 생각합니다.

생각하는 시민, 주권행사가 쉽지는 않습니다. 정책과 인과관계, 약속과 결과, 이 많은 것들이 너무 복잡하기 때문에 생각하지 않으면 헷갈리게 되어 있습니다. 달콤해서 찍었는데 찍어놓고 돌아서서 보니까 다른 사람이 됐어요. 저는 아닙니다. 확실하게 저한테 속았다고 생각하는 사람은 아마 이라크 파병할 때 그렇게 느꼈을 것입니다. 근데 그건 어쩔 수 없는 일이고, 그것까지 왜 그랬는지 생각해 주는 시민이면 아주 생각이 깊은 시민이죠. (웃음)

멀리 보는 시민, 책임을 다하는 시민, 행동하는 시민이 주권자입니다. 저는 여러분들이 시장에서 기업인으로 성공하시길 바라고, 시장의 주류가 아니라 새로운 사회, 진보된 시민사회의 주류가 돼 주시길 바랍니다. 그래야 우리가 정의로운 사회로 갈 수 있고 풍요롭고 행복한 사회, 항상 희망이 보이고 활력이 있는 사회로 갈 수 있다고 생각합니다. 그래서 여러분께 오늘 제가 뭘 구체적으로 해 보자가 아니라 같은 방향으로 가봅시다, 어디서 따로 만나서 깊이 있는 생각도 해 봅시다, 이런 제안을 드리고 싶습니다.

이런 것 중에서 그냥 쉽게 가볍게 볼 수 있는 책이 유시민 씨가 얼마 전에 냈던 《대한민국 개조론》이라는 책입니다. 《대한민국 개조론》이라는 책을 읽어 보시면 재미도 있고 구체적인 얘기도 들을 수 있습니다. 내가 복지부 장관으로 일찍 기용하지 못했던 것이 아쉬운 사람입니다. 아마 일찍 기용했더라면 지금 복지정책이 한참 나가 있을 것입니다. 그것도 시장친화적인 복지정책을 새롭게 하고 있었을 것입니다. 제가 아까 말씀드렸던 《이제 당신 차례요, 미스터 브라운》이란 책도 한번 보시면 사회를 보는 눈이 조금 높아질 수 있지 않을까, 생각합니다.

이 공부 끝나고 나서 더 높은 책을 추천하시라고 하면 제가 직접 한 권 써드리겠습니다. (일동 웃음, 박수) 단편 단편 여러 가지 좋은 책은 있는데, 모두 모아서 체계적으로 잘 정리를 해야 되고, 또 어떤 새로운 것도 좀 많이 있는데 글 쓰는 재주도 모자라고 시간도 없어서 저는 못 냈습니다. 앞으로 이것보다 수준이 더 높은 것을 찾으실 때 제가 책을 하나 써서 내드리겠습니다.

감사합니다.

양극화 문제를 해결하기 위하여

2006년 신년연설(2006년 1월 18일)

국민 여러분, 안녕하십니까?

새해 복 많이 받으십시오.

지난해에도 어려움이 많으셨지요? 지난 3년 동안 정말 고생 많으셨습니다. 이 기간 전체가 제 임기 중이라 국민 여러분께 송구스럽기 짝이 없습니다.

그러나 국민 여러분, 반가운 소식도 있습니다. 우리 경제가 좋아지고 있습니다. 수출이 3년 연속 두 자리 수로 증가하고, 지난해에도 235억 달러 흑자를 냈습니다. 3년 간 679억 달러 흑자를 실현했습니다. 그리고 이런 추세는 당분간 계속될 것입니다.

더 반가운 것은 내수가 살아나고 있습니다. 지난해 1/4분기 1.4%로 출발해서 2/4분기 2.8%, 3/4분기 4.0%, 4/4분기에 그 이상으로 꾸준히 상승하고 있습니다. 이제 내수가 살아나면 서민 여러분의 체감경기도 조금은 좋아질 것입니다. 소비의 발목을 잡고 있던 신용불량자 문제도 이제 거의 정상으로 돌아왔습니다. 2003년 3월 295만 명에서 2004년 4월 382만 명까지 늘어났다가 지금은 297만 명 수준으로 다시 줄어들었습니다.

이 모두가 국민 여러분이 어려움을 참고 열심히 노력해 주신 덕분입니다. 국민 여러분께 깊은 감사의 말씀을 드립니다.

국민 여러분,

앞으로 5년 후, 10년 후는 어떻게 될까, 혹시 중국에게 추월당하지는 않을까 걱정하는 분들도 계십니다. 그러나 국민 여러분, 너무 걱정하지 마십시오. 우리도 손놓고 있지는 않습니다. 우리 하기 나름 아니겠습니까?

정부도 대비하고 있습니다. 이미 2003년 8월에 차세대 10대 성장 동력을 선정해서 집중적인 투자를 하고 있습니다. 부품·소재 산업, 전통산업의 IT화, 그리고 금융과 물류 서비스 산업도 착실하게 키워 나가고 있습니다.

문제는 경쟁력입니다. 핵심전략은 연구개발, 기술혁신, 그리고 인재양성입니다. 정부는 혁신주도형 경제로 확고하게 방향을 잡고 과학기술혁신정책에 역량을 집중하고 있습니다. 연구개발 예산을 전체 재정증가율의 두 배 수준으로 늘려가고 있습니다. 연구개발 투자의 효율성을 높이기 위해 과학기술혁신체계도 완전히 새롭게 정비했습니다. 연구인력 처우개선, 연구 성과에 대한 평가체계 등은 지금 계속 보완해 나가고 있는 중입니다.

이 속도로 가면 머지않아 선진국을 따라잡을 수 있을 것입니다. 잘하면 앞지를 수도 있습니다. 국제평가기관인 IMD 평가에서 이미 과학경쟁력은 15위, 기술경쟁력은 2위까지 올라왔습니다.

대학 교육이 기업의 수요를 충족하지 못한다는 불만도 있고, 아직도 노사관계가 경쟁력의 발목을 잡고 있다는 우려가 있는 것은 사실입니다. 그러나 우리 대학도 달라지고 있고, 노사문제도 많이 좋아지고 있습니다.

그러나 국민 여러분,

걱정도 있습니다. 경제 전체를 보면 잘 가고 있다고 말할 수 있지만, 내용을 가만히 들여다보면 심각한 문제가 있습니다. 바로 양극화 문제입니다.

대기업과 중소기업, 정규직과 비정규직, 그리고 소득 계층 간 격차가 갈수록 벌어지고 있습니다. 중소기업의 이익률은 대기업의 절반에도 미치지 못하고 있습니다. 중소기업 근로자의 월급은 대기업의 60% 정도에 머물고 있고, 비정규직 임금도 정규직의 60% 수준에 불과한 실정입니다. 더구나 이 격차는 1990년대부터 점점 더 크게 벌어지고 있습니다.

더욱 심각한 것은 비정규직 비율이 급속하게 증가했고, 영세 자영업자의 형편도 그동안 많이 나빠졌다는 것입니다. 그 결과로 일자리도 양극화되고 있습니다. 지난 10년간 고소득 일자리와 저소득 일자리는 많이 늘어났는데, 중간소득 계층 일자리는 오히려 줄어들었습니다.

이런 상태가 계속되면 결국 소비가 위축되고 그에 따라 내수 시장이 줄어들어 우리 경제가 장기적으로 저성장의 길로 들어설 수도 있습니다.

양극화 문제는 반드시 해결해야 합니다. 양극화는 세계화·정보화 시대의 일반적 현상이라고 합니다. 전 세계가 지금 다 그 현상 때문에 걱정하고 있습니다. 그러나 이 양극화가 가장 결정적으로 악화된 원인은 경제위기입니다. 소득불평등도를 나타내는 지니계수와 5분위배율이 IMF 위기 때 결정적으로 악화되고, 2003년 불황 때 다시 나빠진 것을 알 수 있습니다.

IMF 경제위기로 인해 많은 사람들이 비정규직으로, 그리고 자영업으로 밀려났습니다. 지난 3년간 국민 여러분이 겪었던 불황의 고통도 IMF 위기의 후유증 때문이라고 말할 수 있습니다.

그러나 이제 그 후유증까지도 거의 극복된 것 같습니다. 그리고 이런 위기는 다시 재발되지 않을 것입니다. 그동안 정부는 우리 경제를 원칙에 따라 안정적으로 운영해 왔고, 위기의 징후를 사전에 발견해서 적절하게 대응할 수 있는 시스템을 만들어 운용하고 있습니다.

양극화 문제를 해결하는 핵심은 일자리입니다. 중소기업을 활성화해야 합니다. 중소기업이 살아야 수출의 효과가 내수로 확산되고 일자리가 늘어날 수 있습니다.

정부는 2004년 7월부터 중소기업정책을 근본적으로 혁신해 가고 있습니다. 중소기업의 실태를 철저히 조사·분석하고 현장의 목소리를 수렴해서 구태의연한 지원방식을 과감하게 털어버리고, 벤처생태계를 조성하는 시장친화적인 방식으로 정책의 내용을 바꿔 가고 있습니다. 대통령이 직접 지휘하고 있습니다. 이렇게 계속하면 이번에는 반드시 달라질 것입니다.

대기업들도 중소기업과의 상생협력에 나서고 있습니다. 기술지원, 인력 지원, 자금 지원에 모범적인 협력사례들이 많이 나오고 있습니다. 중소기업 스스로도 변화하고 있습니다. 혁신형 중소기업이 늘어나고 있고, 벤처기업도 점차 활성화 되고 있습니다. 과감하게 세계 시장으로 뻗어 나가는 중소기업도 많이 있습니다.

서비스 산업도 매우 중요합니다. 서비스 산업은 일자리를 많이 만들어 내기 때문입니다. 고학력 청년실업 문제를 해결하기 위해서는 서비스 산업 중에서도 고급 서비스 산업을 집중적으로 육성할 필요가 있습니다.

지금 우리나라는 대학 진학률이 80%를 넘어섰습니다. 고급인력의 비율이 세계에서 가장 높다는 뜻입니다. 이 사람들에게 일자리를 만들어 주기 위해서는 금융, 물류, 법률, 회계, R&D, 컨설팅과 같은 분야에서 양질의 일자리를 많이 만들어 내야 합니다. 일부 회의적인 시각이 있음에도 불구하고 동북아 금융중심, 그리고 물류중심, 전문대학원정책을 강력하게 추진하고 있는 이유가 바로 여기에 있습니다.

교육과 의료 서비스는 국민을 위한 보편적 서비스에 정책의 중심을 두어야 합니다. 그러나 대학 교육과 의료 서비스는 고급 일자리를 많이 창출할 수 있는 분야이므로 산업적 측면을 외면할 수는 없습니다. 일자리를 위해서 필요하다면 과감하게 개방하고 서로 경쟁하게 할 필요가 있습니다.

선진국들은 질 높은 교육과 의료 서비스를 전략적 산업으로 집중 육성하고 있습니다. 우리도 대학 교육과 의료 서비스를 산업으로 발전시켜서 국민들이 해외에 나가서 돈을 쓰게만 할 것이 아니라 오히려 외국인들이 한국에 와서 돈을 쓰게 만들어야 합니다. 다만 그렇게 하더라도 정부는 국민에 대한 보편적 서비스가 희생되는 일이 없도록 확실히 할 것입니다.

문화·관광·레저와 같은 서비스 산업도 다양하게 육성하고 고급화해야 합니다. 이를 위해 정부는 관광·레저형 기업도시, 서남해안 개발사업, 부산영상도시, 광주문화중심도시, 농촌관광 활성화 등을 추진하고 있습니다.

그런데 이 서비스업을 활성화하기 위해서는 골프와 같은 고급 서비스에 대한 우리 국민들의 인식도 이제는 좀 달라져야 합니다. 사치라고 비난할 일만은 아니라고 생각합니다.

이미 소비무대가 세계화되었습니다. 지난해 우리 국민 다섯 명 중 한 명이 해외를 다녀왔습니다. 우리나라 가계 소비 100만 원 중에서 4만 5천 원을 해외에서 쓰고 있다는 통계가 나와 있습니다. 그중 일부라도 국내로 돌리게 하고, 또 외국인들이 한국에 와서 돈을 쓰게 환경을 만들어 줘야 합니다.

국민 여러분,

많은 일자리를 만들어 낼 수 있는 분야는 또 있습니다. 보육·간병·교통·치안·식품안전·재해예방·환경관리와 같은 사회적 서비스 일자리입니다. 말하자면 전통적으로 정부가 해 왔던 사회적 서비스 일자리입니다.

정부는 그동안 사회적 일자리를 통해 이 분야 일자리를 늘려 왔습니다. 올해는 지난해의 두 배 가까운 13만 개를 공급할 예정입니다. 그동안에는 이 분야를 일시적인 실업대책 수준에서 공공근로 형태로 운영해왔습니다만, 이제는 적극적인 일자리 창출 정책으로 바꿔 나가야 합니다.

우리나라의 공공 서비스 분야 종사자는 선진국의 60% 수준에 불과합니다. '작은 정부'만 주장할 것이 아니라 이 분야에서 안정된 일자리를 많이 만들어서 대국민 서비스의 품질과 국민의 삶의 질을 함께 높여 나가야 합니다.

국민 여러분,

그동안 정부는 비정규직을 줄이고, 정규직과의 임금격차를 좁히기 위해 많은 노력을 해 왔습니다. 비정규직 보호 법안을 지금 국회에 제출해 놓고 있고, 임금체불·불법파견에 대한 근로감독을 강화하고 있습니다. 특수직 근로 종사자를 위한 종합적인 보호대책도 세우고 있습니다. 이와 함께 자금과 경영기술 지원 등 영세 자영업자에 대한 대책도 이미 마련해서 착실하게 추진하고 있습니다.

고용지원 서비스는 일자리 대책의 핵심 인프라입니다. 정부는 고용지원 서비스 제도를 일자리 불안을 해소해 가는 가장 중요한 정책으로 추진하고 있습니다. 앞으로 3년간 6조 원을 투입해서 직업능력 개발과 직업알선이 결합된 튼튼한 고용 안정망을 구축해 나갈 것입니다. 올해 그 확실한 토대를 놓겠습니다.

그러나 정부의 정책과 제도만으로는 임금격차와 비정규직 문제를 해결하는 데 한계가 있습니다. 시장이 달라져야 합니다. 기업이 정규직 고용을 기피하고 비정규직 고용을 선호하고 있습니다. 이것은 당장 비용을 줄이고자 하는 기업의 계산입니다. 또 한편으로는 경영여건이 나빠졌을 때 해고가 어렵다는 불안감 때문이기도 합니다.

법과 제도로만 보면 우리나라 노동의 유연성은 상당히 높은 편입니다. 그러나 대기업 노조는 단체협약상 높은 고용보장을 받고 있어서 일단 고용하면 실제로는 해고가 매우 어렵고, 이것이 시장의 분위기를 지배하고 있기 때문에 노동의 유연성에 대한 기업의 불만이 높은 것입니다. 결과적으로 교섭력이 강한 소수의 노동자들은 두터운 고용보호를 받고 있는 반면, 비정규직 노동자들은 더욱 늘어나게 되는 상황에 빠지게 된 것입니다.

이 문제를 해결하기 위해서는 무엇보다 대기업 노동조합의 양보와 결단이 필요합니다. 그러나 이를 위해서는 경제계도 때로는 과감하게 양보해서 노사 간 대 타협을 이끌어 내기 위한 노력을 해야 합니다. 기업들도 노사관계에 대한 태도와 경영전략을 바꾸어야 합니다. 잘 훈련되고 심리적으로 안정된 인적자원이 경쟁력의 핵심이라는 인식을 갖고, 정규직을 늘리고 교육·훈련을 강화해서 장기적인 대비를 해 나가야 합니다.

그러나 국민 여러분,

일자리만으로 양극화 문제가 다 해결되는 것은 아닙니다. 일할 능력이 없거나 혼자서 감당할 수 없는 상황에 있는 분들은 사회안전망으로 국가가 보호해 주어야 합니다.

그동안 재정이 허용하는 범위 안에서 사회안전망을 최대한 확충해 왔습니다. 1997년에 비해 사회보장예산은 세 배 이상 늘었습니다. 기초생활보장 대상자도 40% 이상 확대됐습니다. 올해에도 기초생활보장 대상자를 12만 명 늘리고, 갑자기 위기에 몰린 분들을 대상으로 긴급복지지원제도도 시행할 예정입니다.

특히 가족들의 힘만으로는 감당하기 어려운 치매·중풍 노인과 중증 장애인들은 국가가 책임지고 돌봐 드리도록 하겠습니다. 앞으로 요양시설 확충과 노인수발보험제도, 그리고 장애수당 확대 등을 통해 2009년까지는 이 문제를 확실히 해결해 나가도록 하겠습니다.

국민 여러분,

서민생활의 핵심은 역시 부동산과 사교육비 문제라고 할 수 있을 것입니다. 8·31대책의 후속 입법이 완료되었습니다. 앞으로 투기는 발붙이지 못할 것입니다. 집값을 안정시키고, 서민들이 '내집 마련'의 꿈을 실현할 수 있도록 주택의 공급도 확실하게 늘려 나가겠습니다.

학생들은 아직도 입시지옥에 시달리고 있고, 서민들은 과중한 사교육비로 허리를 펴기 어렵습니다. 2004년만 해도 약 8조 원 가량 들었다고 합니다. 이 문제는 과열경쟁과 왜곡된 경쟁구조 때문입니다. 대학 입시 하나로 인생의 성패가 결정되는 사회에서는 모든 것을 걸고 경쟁할 수밖에 없습니다.

그러나 이 문제도 점차 해결되어 갈 것입니다. 대학 교육을 특성화하고 입시 방법도 다양화해 나가고 있습니다. 그러면 앞으로 공교육은 정상화될 것입니다. 이미 중등교육 현장에서 많은 변화가 일어나고 있고, 정부도 '방과 후 학교' 등을 통해 사교육을 학교 안으로 끌어들이는 정책을 강력하게 추진해 갈 것입니다. 저소득층에 대한 교육비 지원도 강화해서 가정형편 때문에 교육기회를 잃고 빈곤이 대물림되는 일은 없도록 하겠습니다.

이렇게 해 나가면 적어도 지금 초등학교에 다니는 아이들은 입시지옥에서 해방되고, 우리 부모님들도 10년 내에 사교육비의 굴레로부터 벗어날 것입니다.

국민 여러분,

저출산·고령화 문제는 우리의 미래를 불안하게 하는 새로운 도전입니다. 더 이상 미룰 수 없는 오늘의 과제입니다.

정부는 위기의식을 가지고 이 문제에 대한 본격적인 대책에 착수하고 있습니다. 올해부터 5년간 총 19조 원을 투자하는 저출산종합대책을 마련했습니다. 고령화 문제는 국가가 최소한의 효도를 책임져야 한다는 자세로 대처하고 있습니다. 노인들이 건강하고 품위 있게 살 수 있도록 사회적 환경을 만들어 나갈 것입니다. 이를 위해 노인 일자리 창출과 고령친화산업 발전에 집중적인 노력을 기울이겠습니다.

나아가 2030년을 내다보고 종합적인 계획을 세우고 있습니다. 아이 키울 걱정이 없고, 평생 일하고 싶을 때 일할 수 있고, 건강과 노후가 보장되는 사회로 가기 위한 새로운 전략과 이를 뒷받침하는 재정계획을 마련해서 지금부터 준비해 나갈 것입니다.

국민 여러분,

지금까지 여러 문제들에 대해 나름대로 정부정책과 대안을 말씀드렸습니다. 그러나 양극화를 비롯해서 우리가 부닥치고 있는 문제들을 해결하고 미래의 도전에 대비하기 위해서는 우리의 생각과 행동이 달라져야 합니다. 말하자면 우리 사회가 보다 책임 있는 사회가 되어야 한다는 것입니다. 책임 있게 생각하고 책임 있게 행동하는 사회가 될 때 우리 사회가 문제를 해결할 수 있는 능력을 갖추게 될 것입니다.

책임 있게 생각하고 행동한다는 것은 현실을 있는 그대로 직시하고 문제를 있는 그대로 인정하는 데서 출발해야 합니다. 비판과 문제 제기도 사리에 맞는 '대안 있는 비판'이 되어야 하고, 이를 책임 있게 실천하는 자세가 필요합니다. 그리고 나의 주장과 이익만을 관철하려 할 것이 아니라 상대방을 존중하고 대화와 타협으로 합의를 이루어 낼 줄 아는 상생의 문화를 만들어 가야 합니다.

민주주의 사회에서 주장과 비판의 자유는 존중되어야 합니다. 이 점에 있어서는 참여정부에서도 많은 진전이 있었습니다. 지난해 '프리덤하우스'는 한국의 정치적 자유를 세계 최고 수준으로 평가했습니다. '국경 없는 기자회'는 아시아 국가들의 언론자유에 대한 평가에서 우리나라를 첫 번째 언론자유국가로 꼽았습니다.

그러나 돌이켜 보면, 대안 없는 주장과 비판 때문에 반드시 해결되어야 될 문제를 그르칠 뻔한 경우가 한두 번이 아니었고, 아직 해결이 지체되고 있는 일도 적지 않습니다. 이미 해결되었다고 하는 문제들도 엄청난 시간과 사회적 비용을 지불해야 했습니다.

참여정부 초기에 카드 사태로 금융 시스템이 붕괴될 상황에 처했을 때, 이 사태에 대해서는 금융기관들의 책임이 없지 않았음에도 불구하고 어느 금융기관도 이 문제를 해결하기 위해 선뜻 나서지 않았습니다. 언론과 전문가들도 시장에 맡길 일이지 정부가 나설 일이 아니라는 원론적 주장만 펼쳤을 뿐 마땅한 해결책을 제시하지는 않았습니다. 만일 정부가 나서지 않고 90조 원에 이르는 카드채가 지급불능의 사태에 빠졌다면 우리 경제가 지금 어떻게 되었겠습니까? 생각해 보면 참으로 아찔한 일이었습니다.

지난 3년간 경제가 어려웠던 것이 사실입니다. 그러나 더 힘들었던 것은 끊임없는 위기설과 파탄론이었습니다. 경제는 심리라고 하지 않습니까? 그런데 함께 대안을 제시하고 힘을 모아야 할 우리 사회의 지도층까지 우리 경제에 대해서 지난 3년간 끊임없이 비관적 전망을 쏟아 냈습니다. 2004년 경제가 한 고비를 넘긴 다음에도 위기론을 들고 나와 국민들을 불안하게 만들었습니다.

부동산 문제 역시 크게 다르지 않습니다. 지난해 8·31대책을 내놓았을 때 일부 정치권이나 일부 언론의 태도를 보면 입으로는 찬성하면서도 실제로는 마치 부동산 정책이 실패하기를 바라는 것처럼 행동했습니다.

쌀 개방 문제를 한번 돌이켜 봅시다. 1994년 당시 개방은 예고된 것이었습니다. 우리 정치권은 아무런 준비 없이 개방 반대만 외치다가 결국은 문을 열고 말았습니다. 변화하는 현실을 외면했던 것입니다. 농민들은 벼랑 끝에 선 처지라서 다른 어떤 선택도 어려웠을 것입니다. 그러나 저를 포함하여 우리 정치권이 보여 준 태도는 참으로 무책임한 것이었습니다.

더욱 안타까운 것은 그 이후 10년입니다. 10년의 유예를 받았으면 철저히 대비해야 했음에도 불구하고 10년 후에 다가올 제2차 개방에 대해서 역시 제대로 준비하지 않았습니다. 그 결과 이번에 또다시 엄청난 홍역을 치렀습니다.

그뿐이 아닙니다. 어렵게 협상해서 다시 유예기간을 연장했지만, 정치권은 본질이 아닌 문제를 가지고 국정조사로 비준의 분위기를 흩뜨려 놓았습니다. 그리고 대문을 막고 쪽문만 여는 것인데도, 여론은 마치 이번 협상과 비준으로 쌀시장이 새롭게 개방되는 것처럼 왜곡되었습니다.

국민 여러분,

몇 가지 사례들을 말씀드렸습니다만, 결코 저는 아니다, 이렇게 말씀드리는 것은 아닙니다. 저를 포함한 우리 사회 전체의 책임을 말씀드리는 것입니다. 그리고 문제는 이런 일들이 지난 일들만은 아니라는 것입니다. 지금도 계속되고 있습니다.

국민연금 문제가 바로 대표적인 사례입니다. 연금법 개정안이 국회에 간 지 2년이 되었지만 아직 해결이 되지 않고 있습니다. 이대로 가면 안 된다는 것은 분명한데도 모두가 남의 일처럼 내버려 두고 있습니다.

또 앞에서 말씀드린 일자리 대책, 사회안전망 구축, 그리고 미래 대책을 제대로 해 나가기 위해서는 많은 재원이 필요합니다. 2030년까지 장기 재정 계획을 세워 보면 아무리 재정의 효율성을 높이고 지출구조를 바꾸더라도 재원이 절대적으로 부족합니다. 미래를 위해서 해결하지 않을 수 없는 일이라면, 어디선가 이 재원을 조달하지 않으면 안 됩니다. 그럼에도 오히려 감세를 주장하는 사람들이 있습니다.

여론조사를 해 보아도 세금을 올리자는 사람은 없습니다. 아껴 쓰고, 다른 예산을 깎아서 쓰라고 합니다. 정부는 이미 톱다운(top down) 예산을 도입해서 예산절약과 구조조정을 강력히 추진하고 있습니다. 그리고 탈세를 막기 위해 거래의 투명성을 높여 가고 있습니다. 그러나 이러한 정책으로는 한계가 있습니다.

근본적인 해결책을 찾지 않으면 안 됩니다.

그동안 참여정부의 정책이 분배위주라는 여러 가지 주장들이 있었고, 심지어 '좌파정부'라는 말까지 나왔습니다. 그러나 우리나라의 재정규모는 GDP 대비 27.3%입니다. 미국 36%, 일본 37%, 영국 44%, 스웨덴 57%인 데 비하면 턱없이 작은 규모라고 할 것입니다. 복지예산의 비율은 더 적습니다. 앞의 나라들이 중앙정부 재정의 절반 이상을 복지에 쓰고 있는데, 우리는 4분의 1밖에 되지 않습니다. 정부정책에 의한 소득격차 개선효과도 아주 낮습니다. 어떤 기준으로 보더라도 좌파정부 논란은 결코 사리에 맞지 않는 주장입니다.

사정이 이런데도 마치 복지 과잉으로 경제성장에 지장이 있을 것처럼 주장하는 사람들이 많이 있습니다. 이처럼 현실을 이해관계에 따라 왜곡해서는 안 됩니다. 이해관계가 다르고 정책이 다르더라도 사실을 왜곡할 것이 아니라, 사실은 사실 대로 인정해야 합니다.

정치권과 경제계, 언론과 학계도 책임 있는 자세로 대안을 마련하는 데 지혜를 모아 주실 것을 당부 드립니다.

존경하는 국민 여러분,

결국 상생협력의 결단이 필요합니다. 그것이 우리 민주주의가 나아가야 할 방향입니다.

과거 1970~80년대에는 부당한 독재에 맞서 싸우는 것이 민주주의의 과제였습니다. 1987년 이후에는 권력의 투명성과 합리성을 높이는 것이 우리 민주주의의 과제였습니다. 그러나 이제 이런 문제들은 대부분 해결되었습니다. 이제는 대화와 타협, 그리고 상생의 민주주의로 우리 민주주의의 수준을 한 단계 끌어올리는 일입니다.

우리 국민들의 수준은 이미 앞서 가고 있습니다. 지난해 자원봉사자 수가 800만 명을 넘어섰고, 기부문화도 대단히 활성화되고 있습니다. 사회복지공동모금회의 모금실적이 이미 목표를 초과하고 있습니다. 노사 합의로 임금을 동결하는 대신 정년을 연장하는 기업들도 늘어나고 있습니다.

이제 우리 정치권을 비롯한 사회 각계와 지도층들이 결단을 해야 할 때입니다. 각자의 목소리만 내세울 것이 아니라 대화하고 타협하고 서로 양보하는 새로운 사회문화를 만들어 가야 합니다.

특히 교섭력이 취약한 노동조합에 대해서는 우리 경제계가 먼저 한 발 양보해서 대화의 물꼬를 터 줘야 합니다. 이러한 결단이 노·사·정 대화로, 그리고 사회적 대타협으로 이어져야 합니다.

새롭게 사고해야 합니다. 책임 있게 행동해야 합니다. 대화와 타협으로 상생의 문화를 함께 만들어 나갑시다.

국민 여러분,

우리 정부도 더욱 책임 있게 해 나가겠습니다. 바로 책임 있는 정부가 되겠습니다. 무엇보다 원칙을 흔들림 없이 지켜 나가겠습니다. 투명하고 공정한 사회를 만드는 노력을 일관성 있게 계속해 나가겠습니다.

정경유착의 고리가 끊어지고 선거문화도 깨끗해졌습니다. 이것은 누구도 부인하지 못할 것입니다. 올해 지방선거만 잘 치르면 깨끗한 선거문화는 확고하게 뿌리를 내릴 것입니다. 당내 선거는 민주주의의 기초입니다. 어떤 선거보다 투명하고 공정해야 합니다.

권력기관도 더 이상 정권을 위한 기관이 아닙니다. 이제 국민을 위한 기관으로 돌아왔습니다. 어떤 기관도 과거처럼 특별한 권력을 가지고 있지 않습니다.

경제에 있어서도 원칙을 지켜 왔다고 자부합니다. 그리고 앞으로도 그럴 것입니다. 무리한 경기부양 유혹이 없었던 것은 아니지만 힘겹게 버티며 원칙을 지켰습니다. 그래서 국민 여러분이 좀 오래 고생을 하셨습니다. 그러나 앞으로 상승 기간은 더 오래갈 것이라고 믿습니다.

투명하고 공정한 사회를 만드는 개혁도 빠르게 진행되고 있습니다. 사학법 개정도 우리 사회의 투명성을 높여 가기 위한 것입니다. 재산권을 박탈하거나 교육을 간섭하려는 것이 아니라는 점을 이해해 주시기 바랍니다.

언론과의 관계도 원칙대로 해 왔습니다. 그동안 언론과의 갈등 때문에 많은 어려움을 겪었고, 많은 사람들이 적당하게 타협하라고 했지만 저는 그렇게 하지 않았습니다. 우리 언론문화가 많이 달라졌다고 생각합니다. 특히 정권과 언론과의 관계가 근본적으로 달라졌습니다. 더 이상 유착관계는 없습니다. 이제 여기에서 만족하지 않고 각자 자기의 책임을 다하면서 국가를 위해서, 그리고 역사를 위해서 함께 협력하는 창조적 협력관계를 만들어 갈 것을 제안합니다.

마치 대청소를 할 때처럼 나라 분위기가 어수선하고 혼란스럽다고 느끼는 분들이 계실 것입니다. 그러나 이 시기만 잘 넘기면 우리 사회의 투명성이 몰라보게 높아질 것입니다.

미래를 위해서 꼭 필요한 일은 반드시 하겠습니다. 뒤로 미루지 않겠습니다. 어려움이 있더라도 책임 있게 해 나가겠습니다. 19년을 미뤄 왔던 방폐장 문제가 마침내 해결됐습니다. 개방 문제도 거역할 수 없는 대세입니다. 적극적으로 대처해서 우리 경제를 선진화하는 기회로 삼아 나가야 합니다.

그동안 여러 나라와 자유무역협정을 추진해 왔습니다. 우리 경제의 미래를 위해서 미국과도 자유무역협정을 맺어야 합니다. 지금 대화가 시작됐습니다만 조율이 되는대로 협상을 시작하도록 하겠습니다.

국민 여러분,

국가 제도의 기반을 튼튼하게 정비하겠습니다. 통계·기록 관리와 같은 기본적인 행정 인프라부터 새롭게 구축해 가고 있습니다. 부동산 보유와 거래 실태를 정확하게 파악하기 위한 부동산 데이터베이스, 그리고 조세와 연금을 투명하고 공정하게 하기 위해 소득 파악 시스템도 완비해 가고 있습니다. 당장 제품 한 두 개를 생산하는 것보다 생산설비 자체를 정비한다는 자세로,

눈에 보이지 않는 부분까지 시스템을 선진국 수준으로 갖추어 나갈 것입니다.

행정의 과학화로 정책의 품질을 높여 나가겠습니다. 작년 7월부터 정책품질관리제도를 도입해서 입안에서 평가까지 각 단계마다 점검할 사항들을 빠짐없이 챙기고 있습니다. 또한 전략적 감사를 통해 국책사업에 대한 구조적인 문제점 여러 가지도 하나하나 고쳐 나가고 있습니다.

지난 수십 년간 계속 강조해 왔지만 아직 성과를 제대로 거두지 못하고 있는 정책들도 더러 있습니다. 이제 이런 일도 없도록 하겠습니다. 국민과 약속한 정책은 근본적으로 해결해 나가겠습니다. 중소기업정책, 균형발전정책, 이번에는 확실히 성과가 있도록 하겠습니다.

이렇게 일하도록 공직문화를 혁신해 나가고 있습니다. 이제 우리 공무원들도 더 이상 '철밥통'이라는 소리를 듣지 않을 것입니다. 민간기업 수준으로 행정의 효율성이 높아질 것입니다.

올해는 신상필벌의 평가 시스템과 고위공무원단제도를 도입해서 책임 있게 일하고 경쟁하는 공직 사회를 만들어 나갈 것입니다. 우리 공직 사회의 혁신 분야에서도 세계적인 모범 사례를 더 많이 만들어서 '혁신한국'을 세계 일류의 브랜드로 내놓도록 하겠습니다.

멀리 내다보고 가겠습니다. 지금 우리가 자랑하는 CDMA 기술도 십 수 년 전에 준비했던 것이고, 오늘 우리가 고생하고 있는 경제적 어려움도 따지고 보면 10년 전 IMF 위기로부터 비롯된 것입니다. 그렇듯이 제가 하고 있는 일도 성과나 부작용은 대부분 다음 정부 이후에 나타날 것입니다. 임기 안의 성과에 연연하지 않고 멀리 내다보고 할 일은 뚜벅뚜벅 해 나가도록 하겠습니다.

존경하는 국민 여러분,

새해를 맞아 국민 여러분께 '희망이 있다. 잘 될 것이다.'는 말씀만 드리려고 했는데, 다소 부담이 되는 말씀까지 드렸습니다.

그러나 국민 여러분, 잘 될 것입니다. 우리는 그동안 불가능하다고 했던 많은 일들을 이루어 냈습니다. 마음만 먹으면 못 해낼 것이 없을 것입니다. 희망과 자신감을 가지고 미래를 대비해 나갑시다. 올해, 그리고 그 이후에도 대한민국 기적의 대행진을 계속 이어갑시다.

국민 여러분, 감사합니다.

3·1운동은 우리 역사의 기본입니다

제85주년 3·1절 기념사(2004년 3월 1일)

　3·1운동이 갖는 역사에서의 무게가 워낙 무거워서 자연히 3·1절 기념식도 무겁습니다. 귀엽고 아름다운 우리 아이들이 나와서 힘찬 노래를 불렀는데도 분위기가 풀리지를 않습니다. 저는 3·1운동 같은 역사적인 큰 기념식을 맞이할 때마다 너무 딱딱하다, 이렇게 느낍니다. 이제 이 시점에서 좀 더 밝은 마음으로 좀 더 자연스럽고 열린 자세로 편안하게 역사의 사실을 돌이켜 보고 기념하는 것이 좋다고 생각합니다.

　85년 전 3·1운동은 전 국민이 떨쳐 일어났습니다. 정말 뜻깊은 것은 전 국민이 하나가 됐다는 것입니다. 빈부, 노소, 더 배우고 덜 배운 사람의 차이 없이 사회적 신분과 지위에 관계없이, 특히 전 종교인들이 전부 하나가 됐다는 것은 정말 우리 역사에서 놀라운 일입니다. 그 당시에도 서로 다르고 그래서 다툼이 있었습니다. 그럼에도 불구하고 하나가 됐습니다. 우리 한국 역사에서 이처럼 전 국민이 하나가 됐던 일이 그 이전에도 별로 없었고 그 이후에도 사실 별로 없었습니다.

하나로 어우러졌던 그 가운데에는 우리 민족의 자주독립의 정신이 있었습니다. 혼이 있었습니다. 그리고 자유와 평등이라는 인류사회의 보편적 대의가 있었습니다. 이 가치는 아무리 시대가 변해도 아무리 세월이 흘러도 결코 달라질 수 없는 불변의 가치입니다. 그 후 상해 임정이 수립되고 독립운동은 더욱 치열해졌고, 세계만방에 한국인의 정신과 의지를 널리 떨쳤습니다.

'우리의 해방과 우리의 독립은 외세의 도움에 의한 것이다. 우리 스스로 이룬 것이 아니다.'라고 말하는 분들이 있습니다. 실제로 그런 점이 전혀 없지는 않을 것입니다. 그러나 우리 국민들이 3·1운동에서 하나가 돼서 목숨을 걸고 이렇게 떨쳐 일어나지 않았더라면 아마 우리 한민족은 전후처리에서 잊혀졌을지도 모르고, 따라서 오늘 우리 한국은 독립국가로서 성립되지 못했을지도 모릅니다.

3·1운동은 우리 역사의 기본입니다. 오늘 우리가 헌법에서 그 법통을 상해 임시정부에서 잇고 있지만, 바로 그것은 3·1운동의 정신에서 출발된 것입니다. 이제 3·1운동의 정신을 이어받아서 우리는 민주주의를 상당히 발전시켰고, 세계 11번째를 자랑하는 경제력을 키웠습니다. 참으로 우리 애국선열들이 자랑스럽고 존경스럽습니다. 다시 한 번 머리 숙여서 감사의 인사를 드립니다.

그러나 우리가 기념식을 하는 이 시점에도 저와 여러분, 그리고 우리 모두의 가슴에 부끄러움과 아쉬움이 남아 있습니다. 비록 해방되고 독립했지만 분단된 나라였습니다. 동족끼리 피 흘리고 싸웠습니다. 처참한 비극을 겪었습니다. 아직도 서로 대결하고 있습니다. 남한 내에서 좌우는 대립했고, 그 좌우의 대립에 엉켜서 많은 대립들이 있었습니다. 불신과 갈등이 있었습니다. 과거는 말끔히 청산 되지 않았고 새로운 역사의 대의도 분명히 서지 못했습니다.

역사적 사실과 진실은 아직 많은 것이 묻혀 있습니다. 아직도 국회에서 친일의 역사를 어떻게 밝힐 것인가를 놓고 혼란을 거듭하고 있습니다. 지금도 정신대 할머니들은 한을 씻지 못하고 정리되지 못한 역사 앞에서 몸부림치고 있습니다. 독립투사, 그분들의 후손들이 오늘 누리고 있는 사회적 처지는 소외와 고통입니다. 우리의 독립투사들이 우리의 역사를 주도하지 못했습니다. 아직도 우리의 역사에 대한 해석, 오늘의 현실에 대한 인식에 있어서 대립과 갈등을 우리는 극복하지 못하고 있습니다.

이제 우리는 다시 한 번 일어서야 합니다. 3·1운동 때 목숨을 걸고 일어섰던 우리 선열들이 마음속에 품었던 그 비장함을 가지고 다시 한 번 우리 스스로를 돌아보고 다시 일으켜 세워야 합니다.

마음을 모으고 지혜를 모아서 우리에게 남겨진 아직까지 풀지 못한 이 숙제를 풀어 나가야 할 것입니다. 우리 스스로를 너무

부끄러워하고 너무 질책만 하고 그래서 낙담할 일만은 아니라고 생각합니다. 우리 민족은 할 수 있습니다. 자신을 가지고 하나로 뭉치면 무슨 일이든 해낼 수 있을 것입니다.

1945년 식민지에서 해방된 나라 중에서 민주주의를 우리 대한민국만큼 잘하는 나라가 없습니다. 경제는 지난 40년간 100배의 성장을 이루어 냈습니다. 전 세계가 놀람과 부러움으로 우리를 바라보고 있습니다.

비록 우리는 아쉽게 생각하는 역사이긴 하지만 남북 간의 대결도 한 발 한 발 극복해 나가고 있습니다. 7·4공동성명, 그리고 남북 간 기본합의를 거쳐서 2000년 6월 15일에는 마침내 남북 정상이 만나서 6·15 정상 합의를 이루어 냈습니다. 그 이후 남북 관계는 착실히 풀려 가고 있습니다. 북핵문제가 남북문제에 가로놓여 있지만 이 문제에 관해서도 우리 한국은 주도적으로 참여해서 상황을 관리해 나가고 있습니다. 저는 북핵문제를 풀어 나가는 그 어느 대목에서도 우리 한국 국민들의 간절한 염원을 외면하지 못할 것이라고 생각합니다.

이제 용산기지 이전이 결정되었습니다. 몇 년 지나면 용산기지는 우리 국민들, 우리 서울 시민들에게 반환될 것입니다. 간섭과 침략과 의존의 상징이던 그 용산 기지가 우리 국민들의 손에 돌아옵니다. 성장한 대한민국, 점차 자주권이 강화되고 어엿한 독립국가로서의 대한민국 국민들의 품에 돌아올 것입니다.

안보에 있어서 한국군의 역할은 점차 증대돼 가고 있습니다.

머지않아 한국군 중심의 안보체제로 전환될 것입니다. 100년 전 우리 민족은 이 동아시아에 있어서 아무런 변수도 아니었습니다. 스스로의 독립을 지킬 힘이 없었음은 물론이거니와 우리 조선이 일본의 편을 들든 중국의 편을 들든 러시아의 편을 들든 그것은 대세에 영향을 주지 못했습니다.

그러나 지금은 그렇지 않습니다. 스스로의 자주와 독립을 지킬 만한 넉넉한 힘을 가지고 있습니다. 이제 우리 한국이 어떤 길을 선택하느냐에 따라서 동북아시아의 정세가 변화할 수밖에 없습니다. 자신감을 가질 만합니다. 정말 자신을 가지고 함께 나갑시다.

친미냐 반미냐 이렇게 얘기하지 맙시다. 우리의 자주와 독립을 영원히 지켜 나가고 후손들에게 떳떳한 역사를 물려주기 위해서 우리가 할 일을 합시다. 친미냐 반미냐가 우리를 재는, 우리를 평가하는 잣대가 될 수 없습니다. 한 발 한 발 자주권을 강화해 나가고 독립국가의 실력을 쌓아 나가는 것입니다. 그것을 하는 데 필요한가 아니한가, 그렇게 평가합시다.

한반도에 평화를 정착시키고 그 위에 번영을 이룹시다. 나아가서 그것이 동북아시아의 평화와 번영으로 이어지게 해야 합니다. 그 위에 한국의 자주와 독립이 있고, 그 위에서 우리가 평화와 자유와 행복을 함께 누려가야 합니다. 한반도뿐만이 아니라 동북아시아, 그리고 동아시아, 나아가 전 세계의 평화와 번영의 질서에 적극적으로, 그리고 주도적으로 참여해 나갈 수 있는 당당한 대한민국을 만들어 나갑시다.

실력을 가다듬어야 합니다. 그러나 저는 이 문제에 관해서 걱정하지 않습니다. 우리 한국 국민들이 개인적으로, 집단적으로 실력을 쌓고 힘을 기르는 데는 탁월한 능력이 있다고 생각합니다.

우리가 이 시점에서 꼭 해야 될 것은 마음을 열고 차이를 극복하고 상대를 존중하고 대화로써 모든 문제를 풀어갈 줄 아는 통합된 국민이 되는 것입니다. 85년 전 3·1운동 때 전 국민이 모든 차이를 극복하고 하나가 됐듯이 우리 후손들에게 물려줄 우리의 미래를 위해서 다시 한 번 차이를 극복합시다. 동이다 서다 나라를 지역으로 갈라서, 그렇게 해서 정당이 뭉치고 그렇게 해서 감정대립을 하는 정치도 이제 끝을 냅시다. 노·사 간에 갈등이 있었지만, 이런 많은 갈등들은 잘극복돼 갈 것이라고 생각합니다.

항일을 했던 사람, 친일을 했던 사람, 어쩔 수 없어 입을 다물었던 사람들, 이 사람들 사이에 맺혀 있는 갈등, 그리고 좌우 대립의 사이에서 생겼던 많은 갈등, 아직 아물지 않은 상처, 이 상처들을 극복하기 위해서 새로운 역사적 안목으로 우리 스스로를 돌아보고 용서하고 화해하는 지혜를 만들어 갑시다. 스스로 한발 물러서자는 것입니다. 스스로 가슴을 열자는 것입니다.

북한에 대해서는 설명이 어렵습니다. 상식이 통하지 않는 많은 부분이 있습니다. 그럼에도 불구하고 결국 한 민족으로서 보듬어 가야하고 끝내 우리가 책임져 가야 될 사람들이라는 생각으로 따뜻하게 문을 열고 대화로써 풀어 나갑시다.

일본에 대해서 한 마디 꼭 충고를 하고 싶은 말이 있다면 한국이, 한국의 정치 지도자가 굳이 역사적 사실을, 오늘 일어나고 있는 일본의 법·제도의 변화를, 아직 해결되지 않은 문제에 관해서 말하지 않는다고 모든 문제가 다 해소된 것으로 생각해서는 안 됩니다. 앞으로 만들어 가야 될 미래를 위해서 마음에 상처를 주는 얘기들을 절제하는 것이 미래를 위해서 도움이 된다는 뜻으로 우리 국민들은 절제하고 있습니다.

특히 우리 정부는 절제하고 있습니다. 우리 국민들의 가슴에 상처를 주는 발언들은 흔히 지각없는 국민들이 하더라도, 흔히 인기에 급급한 한두 사람의 정치인이 하더라도, 적어도 국가적 지도자의 수준에서는 해서는 안 됩니다. 우리 국민들이 우리 정부가 절제할 수 있게 일본도 최선을 다해서 노력해야 합니다. 그 이상의 말씀은 더 드리지 않겠습니다.

이 자리에서 여러분께 당부 드리고 싶은 말씀은 일본이 한 마디 한다고 해서 우리도 감정적으로 대응하는 일만은 절제하자는 것입니다. 과거사의 문제이든 동북아시아 미래사의 문제이든 그것은 감정으로 만들어 나갈 수 있는 일은 아닙니다. 차분하고 냉정하게 대응하면서 어떻게 하면 우리가 평화와 번영의 동북아시아 질서를 주도적으로 이끌어 나갈 것인가, 그것을 어떻게 우리 한국 국민들의 자랑이고 자부심으로 만들 것인가, 오늘 3·1운동 85주년을 맞은 이 시점에서 단단한 다짐과 함께 차분하고 냉정한 미래의 준비를 당부 드리면서 기념사에 갈음하고자 합니다.

감사합니다.

우리나라가 앞으로
제대로 가려면 뭘 해야 하나

연세대학교 초청 연설(2004년 5월 27일)

여러분, 감사합니다. 존경하는 총장님께서 저를 아주 호의적으로 소개해 주셔서 대단히 감사합니다. 참 반갑고, 또 이 자리가 매우 기쁩니다. 우선 여러분의 초청을 받았다는 사실이 영광스럽습니다. 그리고 자랑스럽습니다.

특별히 기쁜 이유 중의 하나는 제가 자유롭지 않은 일을 오늘 할 수 있게 되었기 때문입니다. 대통령이 되면 대개 하고 싶은 대로 할 수 있을 것으로 생각했는데, 그렇게 자유롭지 않습니다.

저는 젊은 사람들 만나서 대화하는 것을 참 좋아하는데 그럴 기회를 가지기가 어렵습니다. 오늘 이렇게 나와서 못하던 일을 하니까 얼마나 기쁘겠습니까? 초청해 주신 데 대해서 다시 한 번 감사말씀 드립니다.

제가 어떻게 살았는가는 낱낱이 공개가 돼서 여러분이 모르는 것이 없겠지만 오늘 강의는 '자신은 어떻게 생각하고 있는지 한 번 말해 봐라.'이런 뜻이겠지요. 그래서 제가 생각하는 저의 삶을 오늘 한 번 얘기해 보겠습니다.

아마 여러분이 상상하지 못한 것일 겁니다. 성공했지요, 제가. 성공의 비결은 뭔가? 여러분이 들어 보시고, '혼자만 성공하지 말고 우리나라도 국민도 모두 함께 성공할 방법을 내놓으시오.' 그런 희망을 말해도 좋을 만큼 비결을 내놓겠습니다.

과연 대통령은 어떤 나라를 만들기를 원하는가? 혼자서 다 만들 수 있는 일이 아니라서 저도 그것을 소망으로 여러분께 말씀 드리면서, '함께 한 번 해 보자.' 이렇게 제안 드리겠습니다.

멀리 내다보고 멀리 가야 할 우리나라의 미래가 있겠지만 당장 이 시기의 시대적 과제가 뭐라고 생각하는가, 여러분과 제 생각이 맞는지 한 번 맞추어 봅시다. 그리고 요즘 인기 있는 쟁점들, 모두들 관심을 가지고 인터넷 토론방에서 서로 논란되고 있는 문제들에 관해서 제가 가진 생각도 몇 가지 말씀드리겠습니다. 제 장래의 계획도 말씀드리겠습니다. 이렇게 하면 제게 주어진 시간이 모자랄 것 같습니다. 그래서 경우에 따라서는 제목만 얘기하고 넘어가도록 하겠습니다.

어떻게 살았는가? 아마 제가 제일 관심을 가졌던 것은 먹고사는 문제였습니다. 멋지게, 보람 있게, 가치 있게 살기 이전에 그냥 삶에 대한 불안 없이 살고 싶었습니다. 그것이 첫 번째였습니다. 저는 지금까지 그렇게 크게 고생하지 않고 굶주리지 않고 살아온 것을 정말 다행스럽게 생각하고, 그래서 행복하다고 말하고 싶습니다. 시대가 여러분과 좀 달라서 가치 있는 삶을 추구하는 것보다 현실적으로 먹고사는 것이 중요하던 어린 시절을 보냈기 때문에 그랬는지는 모르겠습니다.

그 다음에 뭐 했냐? 사랑하고, 아이 낳고, 지금은 손녀가 참 귀엽고 이쁩니다. 그렇습니다. 사랑하고 살았습니다. 이것을 제가 소중하게 말씀드리는 이유는 저는 섭리를 거역하지 않았고, 우리가 추구하는 많은 고상한 가치가 있지만 그 어느 가치보다 섭리에 순응하면서 사는 것이 중요하다고 생각하기 때문입니다. 그래서 하느님의 섭리, 자연의 섭리, 그 섭리를 거역하지 않는 가치관을 가지려고 하고, 또 그것을 존중하면서 그렇게 살려고 합니다.

이거 깨닫는 데 시간이 오래 걸렸습니다. 옛날에는 단지 산다는 것 그 이상의 가치, 하나님의 섭리를 거역하면서 내가 개척하는 그런 삶을 모색해 봤는데, 결국 돌다가 돌다가 섭리를 거역하지 않는 것이 좋겠다, 그런 삶을 삽니다.

그럼에도 불구하고 끊임없이 도전했고 매 시기 승부의 연속이었습니다. 아마 여러분도 그렇게 보면 그럴 것입니다. 여러분은 끊임없이 도전하고, 또 크고 작은 승부를 이어가고 있을 것입니다. 무엇에 도전했는가? 저는 현실, 그리고 현실의 문제에 도전했습니다. 어떤 관념과 주의를 먼저 내세우고 그것을 실현하기 위해서 도전했다기보다는 내 앞에 부닥쳐 있는 문제들에 도전했습니다.

제가 부닥친 문제는 끊임없이 변화했습니다. 제가 중학교 3학년 다닐 때에는 진학할 형편이 안 될 것 같아서 진학을 포기하고 공무원 시험 준비를 했습니다. 먹고사는 문제가 저의 문제였지요. 고등학교 다닐 때도 취직, 어떻게 부모님을 모실까를 생각했습니다. 형편이 좀 좋아져서 고시공부를 하게 됐는데, 고시공부를 하면서는 성공이었습니다. 자라면서 항상 읍내 아이들한테 약간의 열등감을 가지면서 살았던 시골 아이여서 아마 성공에 대한 집착이 좀 더 강했을지는 모르겠습니다. 그러나 어떻든 저는 성공하려고 고시를 했습니다.

보통 대학교에 수석합격을 하고 나면 '고시에 합격해서 가난하고 힘없는 사람들을 위해서 일하는 변호사가 되겠다. 돈이 없어 치료받지 못하는 사람을 치료해주는 의사가 되겠다.'이런 말들을 곧잘 합니다. 그건 진심이라고 생각합니다만, 제게는 그런 꿈조차도 없었습니다. 그냥 판사가 되고 싶었습니다.

고시공부를 하고 있는 동안에 10월유신이 일어났습니다. 법이 짓밟힌 사건이지요. 여러 가지가 짓밟혔지만 그때 제가 보는 관점에서는 법이 짓밟히는 그런 사건이었습니다. 그런데 저는 그 유신헌법을 열심히 공부했습니다. 그래서 판사가 됐습니다. 유신헌법 공부하고 고시 합격해서 판사가 됐으니까 '유신판사'아닌가? 그렇게까지는 아닌 것 같습니다.

제 부모는 옛날에 창씨개명을 했습니다. 그래서 항상 '친일파'

가 아닌가, 이렇게 생각하면서 고심을 했습니다. 지금도 이 문제는 우리의 숙제로 남아 있습니다.

프랑스에서 전후에 민족을 배반한 사람들을 숙청했는데, 그때 숙청의 범위를 어디까지로 할 것인가가 아마 굉장히 어려운 사회문제였다고 생각합니다. 어디까지 숙청할 것이며, 숙청의 등급을 어떻게 할 것인가, 공직에 취임하지 못하게 하는 정도로 할 것인가, 고위 공직에 취임하지 못하게 하는 정도로 할 것인가, 그 사회에서 지도적인 역할을 하지 못하게 해야 할까, 또는 감옥에 보내야 할까, 어떤 사람이 이런 많은 등급 중 어느 등급에 해당되어야 하는가?

이것은 지금도 친일 잔재를 청산하기 위해서 노력하고 있는 우리가 함께 고민 하고 진지하게 생각해 봐야 될 문제입니다. 과거에 떳떳하지 못했던 모든 사람이 숙청돼야 한다면 저도 숙청 대상이 돼야 합니다. 그러면 숙청 안 될 사람이 몇이나 될 것인가, 이것도 좀 걱정이 됩니다. 이런 어려운 문제를 하나 던지고 넘어가겠습니다.

지금까지 드린 말씀은 전부 내 문제였습니다. 나로부터 조금 벗어난 때가 변호사 시절입니다. 열심히 나를 위해서 돈벌이를 했습니다만, '변호사 비리를 한 번 해소해 보자.' 그렇게 해서 이런저런 노력을 하기도 했습니다.

법원과 검찰의 권위주의, 거기 가서 할 말도 못하고 고개 숙이고 손만 비비는 변호사, 이런 문화를 바꾸어 보자는 도전을 하기도 했습니다. 그래서 때로는 몇몇 재판부에서 찍힌 변호사가 되기도 했습니다. 그 결과로서 혹시 제 의뢰인에게 손해를 입히지 않았는가 하는 그런 불안이 있었습니다.

시국사건 변론을 했습니다. 아마 자기만의 삶에 대한 부끄러움, 젊은 사람들을 만나서 받은 충격, 자존심, 정의감, 이런 것들이 조금은 있었나 봅니다. 그러나 가장 큰 이유는 제 아이가 초등학교 5학년이었고, 8년 뒤에는 대학교를 가게 생겼는데, 바로 1980년대 초반 그 시기에는 대학교에 가면 자유·정의·민주주의를 배우게 되어 있고, 그것을 배우면 배운 것과 다른 현실에 반감을 갖지 않을 수 없고, 그러면 반드시 데모를 할 것 같았습니다.

데모를 하면 이름이 적히고 평생 취직이 안 됩니다. 또 끌려가서 죽도록 맞습니다. 물론 저도 제 뒤에 형사 두세 사람이 따라다니는 수준의 사람이 되어 있었습니다만, 우리 아이가 그 꼴을 당한다고 생각하니까 도저히 견딜 수가 없었습니다.

어떻게 하면 우리 아이들은 이런 세상에 살지 않게 할까. 아무리 생각해도 우리가 감옥 가는 수밖에 없겠다, 그래서 그만 문제 변호사가 됐습니다. 제법 괜찮지요? 제가 사회문제에 눈을 떠온 과정을 말씀드렸습니다.

오랫동안 도전하고 오랫동안 승부를 해 왔습니다만, 가장 어려웠던 승부는 자신과의 승부였습니다. 긴 설명 드리지 않아도 여러분 다 짐작하실 것입니다. 가장 어려운 적, 가장 어려운 상대는 제 마음속에 있습니다. 저의 이기심 안에 있고, 저의 비겁함 안에 있고, 저의 안일함 안에 있습니다. 그렇습니다. 제 안에 있습니다. 어떻든 그럭저럭 여기까지 왔습니다.

이제 성공의 비결을 말씀드리겠습니다.

저는 제가 성공했다고 생각합니다. 제가 성공한 비결, 확실하게 투자하라는 겁니다. 가진 것 그대로 다 가지고 더 가지겠다는 도전, 이것은 안전하긴 하지만 성공하는 데에는 큰 도움이 되지 않는 것 같습니다.

적어도 승부를 걸어야 되는 성공의 과정에서 투자하려거든 확실히 하십시오. 저는 제 인생을 걸었다, 이렇게 생각하면서 해왔습니다. 성공보다는 당면한 문제에 몰두했습니다. 매 시기 현재에 몰두했습니다. 멀리 내다보긴 하지만 그것은 내다볼 뿐이지 항상 현재에 전부를 투자했습니다. 대통령 되겠다고 그 시기까지 나온 사람 중에서는 제가 가장 적극적으로 투자했습니다. 가장 확실하게 투자했다는 것이지요.

좋은 일은 아닙니다만, 역대 대통령들을 돌이켜 보니까 다 죽다가 살아난 사람들이에요. 저 앞에 대통령이 되신 분들은 이런저런 이유로 목숨을 걸었던 사람들입니다. 이승만 대통령, 그렇지요? 박정희 대통령, 저는 결코 찬성할 수 없습니다만, 어떻든 한강을 건널 때 그는 목숨을 걸고 건너지 않았겠습니까? 그리고 전두환, 노태우, 그분들의 쿠데타도 찬성할 수 없는 일이지만 실패하면 죽는 겁니다. 김영삼 대통령, 김대중 대통령도 다들 돌아가실 뻔했습니다.

저는 그런 일은 없었습니다. 세상이 좋아진 거지요. 그래서 다행히 목숨을 걸지 않고 대통령이 된 첫 번째 대통령입니다, 제가. 그래서 국민들께 감사하게 생각합니다. 그러나 밑천 들인 것을 보면 그래도 제가 제일 화끈하게 투자를 했지요. 똑똑하게 못할 바에는, 제대로 못할 바에는 정치 안 한다, 이런 결심을 가지고 했습니다.

두 번째 성공비결, 끊임없이 변화해 왔다는 것입니다. 그렇게 자부합니다. 조금 전에도 말씀드렸듯이 제가 변호사를 할 때 이미 세상을 알고 역사를 알고 했던 것이 아니고 그저 저만 잘 먹고사는 사람이었습니다만, 끊임없이 자신의 목표를 바꾸고, 어떻든 부닥친 문제를 풀기 위해서 변화해 왔습니다. 길게 설명하려면 참 많겠는데, 저는 지금도 그렇게 생각하고 있습니다.

저를 중심으로 세상을 바꾸려 하는 것이 아니라 세상이 바뀌는 방향으로 동참하면서 저를 바꾸어 왔다고 생각합니다. 그리고 항상 변화를 수용해 왔습니다. 그것을 위해서 저는 열심히 공부했습니다.

세 번째 비결은 공부입니다. 열심히 공부했습니다. 지금도 저는 열심히 공부를 하고 있습니다.

네 번째는 시운(時運)입니다. 어떻든 그렇게 가다 보니까, 제가 아마 시대가 요구하는 것과 상징적으로 비슷하게 보였나 봅니다. 그러니까 '너, 대통령 한 번 해라.' 이렇게 시켜 준 게 아닌가 생각합니다.

어떤 나라를 원하는가? 여러분은 아마 잘 모르시겠지만 인수위 시절에 공을 들여서 국정목표라는 것을 만들었습니다. '국민과 함께하는 민주주의', '더불어 사는 균형발전사회', '평화와 번영의 동북아시대'가 그것입니다.

뭔가 섭섭하지요? '활력 있고 넉넉한 나라'야 되지 않겠습니까? 그래야 더불어 살기도 하고, 질 높은 삶과 품위 있고 문화적인 삶도 다 함께 누릴 수 있기 때문에 넣어야 되는데, 4개나 하려니까 많아서 외우기도 어렵겠고 '균형발전'과 '평화와 번영'에 발전과 번영이 들어 있으니까 그것으로 잘 사는 나라는 갈음하자, 이렇게 했습니다.

지금 생각해 보니까 전달이 잘 안 되는 것 같아서 '활력 있고 넉넉한 나라'를 한 번 넣었으면 좋겠습니다. 제가 그랬듯이 많은 국민들은 당장 먹고사는 것이 제일 큰일인데, 그걸 1번으로 넣어 주어야 되지 않겠습니까?

이런 나라가 되기 위해서 정부는 어떤 정부가 되어야 하는가? 참여정부가 되어야 한다, 국민이 참여하는 정부라는 뜻입니다. 그것만 하려고 하니까 다른 당하고 국정목표가 너무 닮았어요. 그래서 차별화하자, 방향은 같다 하지만 우선순위가 다르고 가는 길이 다르다, 전략이 다르다는 것을 말하자, 그래서 전략으로 '원칙과 신뢰', '공정과 투명', '대화와 타협', '분권과 자율'이라는 국정 원리를 말했습니다.

'원칙과 신뢰'가 똑같이 가는 건 아닙니다. 그렇지만 원칙이 바로 서서 그 원칙이 우리의 삶을 지배하는 사회가 신뢰할 수 있는 사회가 아니겠는가, 그렇게 생각합니다.

'분권과 자율'이라든지 '대화와 타협'이라든지 '공정과 투명'이라든지 하는 것은 제가 오랫동안, 대통령 꿈꾸기도 훨씬 전부터 얘기해 오던 것입니다. 하나 더 보탠다면 희망과 낙관이 있는 나라, 낙관적 희망이 지배하는 나라가 됐으면 좋겠습니다. 아주 중요하다고 생각합니다.

신뢰는 한 번 더 말했으면 좋겠습니다. 신뢰가 먼저냐, 민주주의가 먼저냐? 신뢰가 먼저입니다. 인간이 경험한 많은 사회 중에는 전제군주사회도 있고, 귀족사회도 있고, 독재사회도 있고, 파시스트사회도 있습니다. 그 모든 사회에서 가장 중요한 것이 신뢰입니다. 신뢰가 무너진 사회는 존재할 수가 없습니다. 신뢰가 있는 나라여야 합니다.

상대방이 나와 한 약속을 지킬 것이라는 믿음이 없으면 별의별 장치를 다해야 됩니다. 상대방이 선의를 가지고 있다는 믿음이 없으면 속지 않기 위해서 준비해야 되는 일이 너무 많습니다. 계약을 맺을 때 상대방이 위약할 경우에 대비해서 방어할 수 있는 모든 조항들을 집어넣어서 계약서 하나 만드는 데 보름이나 한 달씩 걸립니다. 변호사 비용이 엄청 나가지요.

국가가 나의 안전을 지켜 주지 않을 것이라는 그런 불안이 있을 때 개인 경호 시스템을 하게 됩니다. 남아프리카 같은 나라에서는 지금 경찰보다 개인 경비 용역업에 고용되어 있는 사람이 훨씬 더 많고, 거기에 많은 비용을 지불하고 있습니다. 그러면 돈 없는 사람은 어찌하란 말이냐 하는 질문이 바로 나올 수 있겠지요.

이렇듯 믿음을 바로 세우는 것이 가장 중요한 일이라고 한다면 어떻게 해야 하는가? 말대로 행동해야 합니다. 말한 대로 행동해야 합니다. 그래야 믿음이 생깁니다. 선의를 가지고 행동해야 합니다. 말한 내용을 말 비슷하게 하긴 하는데, 또 다르게 해석해 가지고 그 본뜻을 어떻게든 왜곡시켜 보려는 노력, 선의가 없이 맺은 계약은 그 방향으로 갑니다. 그래서는 안 됩니다. 진실해야 됩니다. 진실하게 말하고 진실하게 이행해야 합니다. 이것이 사회의 신뢰를 세우는 방법입니다.

신뢰 중에 중요한 것 하나는 그 사회 지도적인 인사들의 행동입니다. 지도적인 인사라고 말하는 사람들이 말과 행동을 달리할 때 그 사회의 신뢰가 붕괴됩니다. 지도자는 그야말로 말대로 실천해야 됩니다. 그리고 지도자는 진실을 말해야 됩니다. 아울러서 지도자는 말할 자격을 갖추어야 됩니다. 말할 자격 없는 사람이 좋은 말을 자꾸 하면 좋은 말을 버립니다.

한국적 민주주의, 들어 보셨습니까? '한국적 민주주의'란 이름을 붙여서 민주주의를 완전히 말살시켜 놓고 입만 열면 민주주의한다고 하니까 사람들이 믿지 않는 시대가 된 거죠. 그 후유증이 엄청납니다. 물론 그때도 공정한 사회를 말하지 않았겠습니까? 정의로운 사회, 기억나십니까? 1980년 전두환 대통령이 내

걸었던 '정의로운 사회.' 절대로 보통사람일 수 없는 분이 '보통사람'을 얘기했습니다. 현직 대통령이 전직 대통령을 비방한 결과가 될 것 같네요. 어쨌든 존재했던 사실입니다. 신뢰라는 것이 매우 중요합니다.

이 시대에서 가장 큰 문제로 생각하는 것이 뭐냐? 저는 분열이라고 생각합니다. 우리나라가 앞으로 제대로 가려면 뭘 해야 하나? 분열을 극복해야 합니다. 생각해 보십시오. 조선이 무너졌습니다. 힘이 없어서 무너졌습니다. 그러나 그러면서도 가장 처참하게 무너진 것은 분열하고 무너진 것입니다. 지도층의 분열과 더불어서 무너진 것입니다. 그 이전의 경우도 마찬가지입니다.

우리나라에 있어서 분열은 각별합니다. 서로 용납할 수 없는 가치를 가지고 살았던 시대가 너무 오래됐습니다. 아무리 우리가 서로를 존중하고 공존하려고 해도 공존의 범위를 벗어나는, 그런 대립이 있을 때에는 공존하기가 어려운 것입니다. 일제시대에 '친일하고 살자. 일본이 시키는 대로 하고 살자.'라고 말하는 것은 결코 받아들일 수가 없는 일이기 때문에 서로 공존할 수 있는 가치가 아닙니다. 친일과 항일은 공존할 수 있는 가치가 아니지요.

해방이 되고 난 뒤에 소위 용공과 반공, 좌익과 우익 해 가지고 실제에 있어서 어떻든 결코 서로를 용납하지 않는 대결의 시대를 지내 왔습니다. 그 다음에 독재와 반독재, 아무리 민주주의 한다 하지만 독재와 어떻게 타협을 할 수 있겠습니까? 독재적 방법과 타협할 수 없는 것이죠. 저항이 있을 뿐이죠. 그래서 민주주의가 가지고 있는 상대주의의 한계라는 것이 바로 민주주의의 원리를 부정하는 사상과 행동이죠. 그래서 저항권이라는 것을 만들어 놓았습니다.

물론 개별국민들은 민주주의 제도에 대해서도 비판하고 공격할 자유가 폭넓게 인정되지만 적어도 국가권력은 그래서는 안 됩니다. 자유의 폭이 다릅니다. 민주주의에 대해서 비판할 수 있고 문제를 제기할 수 있지만, 그것은 일반국민 개인에 한한 것이지 국가권력이 그럴 수는 없다는 것이죠.

그리고 적어도 국가권력을 추구하는 정도의 조직적 집단이 그것을 추구하는 것을 우리 법·질서는 결코 용납할 수가 없습니다. 양심의 자유가 이미 아닙니다. 그래서 독재와 반독재, 그렇게 싸웠죠. 지금도 그 연장선 위에서 살고 있는 사람들이 많이 있습니다.

어떻게 극복할 것인가? 대화와 타협의 문화를 만들어야 합니다. 이제 민주주의는 어떻든 서로 존중하고 대화와 타협으로써 합의를 만들어 나가고 적어도 논리적으로 합의가 되지 않더라도 절충을 해서 타협해야 합니다. 타협으로라도 합의를 만들어 나가야 합니다. 이런 것이 우리 시대에서 새로운 문화로 자리잡아야 합니다.

왜 대화와 타협을 강조하느냐하면, 그동안 우리 사회의 권력을 가지고 있던 사람들, 지배적인 힘을 가지고 있던 사람들은 그들을 반대하는 사람들, 그들의 기득권에 도전하는 사람들을 용납하지 않았습니다. 배제했습니다. 말하지 못하게 하고, 말하면 잡아 가두고, 또 잡아넣기 위해서 때리고, 심하면 죽이고 그랬습니다. 배제의 시대를 우리가 수십 년 간 살아왔던 것입니다.

그 배제의 시대에 싹튼 저항의 논리가 또한 비타협 저항입니다. 비타협 투쟁노선입니다. 지금도 학생운동의 일부에 그 노선이 살아남아 있죠? 그런데 문제해결이 안 됩니다.

우리나라는 이제 대화와 타협으로 문제를 풀어갈 수 있는 정치적 조건이 형성되었다고 말할 수 있습니다. 지금 여야가 죽기 살기로 싸우지 않더라도 실적에 따라서 4년 뒤에 다시 심판하지 않습니까?

당장의 견제와 균형도 중요하지만 4년 뒤에 바꿀 수 있는 가능성을 가지고 있다는 것이 매우 중요합니다.

좀 엉뚱한 얘깁니다만 조폭문화를 청산해야 됩니다. 조폭문화는 외부세계에 대해서는 전혀 법을 존중하지 않습니다. 하지만 내부적으로는 칼 같은 규율을 세워 놓고 있습니다. 그 사이에서는 철저히 충성과 보상의 관계를 맺고 있습니다. 이것이 조폭문화입니다. 그 조직에 들어 있는 한 특별한 대우를 받고 특별한 대우를 합니다. 그래서 아주 폐쇄적인 특권적 집단이 되는 것이죠.

이것이 과거 군국주의 군대에도 살아 있었고, 정치권력에도 이런 논리가 통했던 때가 있었습니다. 보편적 지지가 없으니까, 보편적으로 승인된 가치를 부정하니까 많은 사람들의 저항이 있을 수밖에 없습니다. 저항을 더욱더 강고하게 제압해야 되고, 그러다 보니까 주종관계를 맺고 물질적인, 명예적인 보상을 주면서 갈라먹기를 합니다. 그렇게 해서 외부세계의 보편적 법·질서를 유린하는 것을 조폭질서라고 말해야 되지 않습니까? 이게 지난날 우리의 정치였습니다. 잔재가 남아 있다는 것이죠.

제가 정경유착을 끊자고 한 이유는 여기에 있습니다. 그 사이에 불합리한 부당한 거래가 이루어지면 일반 국민이 피해를 입게 된다는 것이죠.

권언유착도 끊읍시다. 권언유착은 끊긴 것 같은데, 정언유착은 남아 있는 것 같습니다. 그 유착에는 항상 부당한 이익이 발생하고 부당한 특권이 발생합니다. 아직 정부 안에 있는 권력기관에도 이 사고의 잔재가 남아 있는 부분들이 없지 않습니다.

참여정부가 끝날 때에는 다 없어질 겁니다. 정부 안의 것은 제가 책임지겠습니다. 정경유착도 높은 수준의 것은 제가 다 정리하겠습니다. 청소를 하겠습니다. 권언유착도 제가 정리해 놓겠습니다. 정언유착 정리는 국민들이 좀 해 주시기 바랍니다. 특권적 문화, 즉 조폭문화를 청산하자는 것입니다.

대안적 운동이 필요한 시기입니다. 민주주의 권력은 끊임없이 견제 받아야 합니다. 감시받아야 합니다. 그러나 너무 많이 흔들어 버리면 감사받는다고 일을 못합니다. 공무원들이 감사 때문에 일을 못하겠다고 하는데 정부도 마찬가지입니다. 정권도 밤낮 없이 감사만 하고 계속 흔들면 갈길 못 갑니다.

그래서 비판은 적절해야 하고 합리적 근거를 가져야 하고, 그 다음에는 대안이 있어야 합니다. 대안 없이 하는 비판운동은 그 사회의 효율을 현저히 떨어뜨릴 가능성이 있습니다. 그래서 창조적 대안운동, 이것이 참여의 한 형태로서 새롭게 좀 자라났으면 하는 생각을 갖고 있습니다. 이런 것이 지금 이 시대의 과제라고 저는 생각합니다.

진보와 보수 얘기를 많이 합니다. 진보를 맨 왼쪽에 놓고 한 줄로 세우고 보수를 맨 오른쪽에 놓고 한 줄로 쫙 세운다고 합시다. 우리나라가 왼쪽으로 한참 달려가면 일본이 보일 겁니다. 일본을 지나서 또 왼쪽으로 한참 달려가면 미국의 사회제도가 있을 것입니다. 거기서 죽자 사자 또 뛰어가면 저쪽에서 오른쪽으로 막 달려오고 있는 영국을 만나게 될지도 모릅니다.

여기서 진보가 어떻고 보수가 어떻고 하는 것은 한심한 얘깁니다. 우리나라의 복지예산, 그 다음에 세금과 재정의 재분배 효과 이런 등등을 보면 한심합니다. 일반적 복지도 중요하지만 최소한의 사회안전망이라는 것은 대단히 중요합니다. 걸핏하면 진보는 좌파고, 좌파는 빨갱이라는 식으로 몰아붙이는 것은 그야말로 한국 사회의 진보를 가로막는 암적인 존재입니다.

그렇게 진보와 보수로 나누는데, 진보는 무엇이고 보수는 무엇인가? 대개 이렇게 보면 됩니다. 보수는 힘센 사람이 좀 마음대로 하게 하자, 경쟁에서 승리한 사람에게 거의 모든 보상을 주자는 것입니다. '적자생존의 원리를 철저하게 적용 하자. 약육강식, 그것이 우주의 섭리 아니냐.' 그렇게 말하는 쪽에 가깝습니다. 진보는 뭔가? '더불어 살자. 인간은 어차피 사회를 이루어 살도록 만들어져있지 않느냐.' 연대죠, 연대. 이런 얘깁니다.

어느 쪽도 극단적인 한쪽의 것은 없지만 크게 봐서 이렇습니다. 그 다음에 '가급적이면 바꾸지 말자.'이게 보수입니다. '뭘 좀 바꾸자. 고쳐가면서 살자.' 이것은 진보죠. 그래서 한때 소련이 붕괴되었을 때 진보와 보수가 바뀌어 버렸습니다. 그렇죠? 그건 이미 소련 사회가 노멘클라투라(Nomenklatura) 사회로서, 시장에서 승리한 사람이 특권을 갖는 것이 아니라 시장은 죽여 버리고 권력의 장에서 모든 경제를 움직이면서 거기서의 승자들이 특권을 형성해 버렸기 때문에 부득이 보수가 공산주의자가 될 수밖에 없었던 것입니다.

그래서 이 두 개가 서로 헷갈릴 때가 있습니다만, 자본주의 사회에 있는 한 대개 보수는 적자생존론이나 약육강식론에 근거하고 있고, 아울러 되도록이면 바꾸지 말자는 것입니다. 특히 한국처럼 아주 오른쪽에 있는 나라에서는 더욱더 바꾸지 말자는 것입니다. 기득권의 향수가 강할 수밖에 없습니다. 그렇게 이해하시면 간명하죠. 합리적 보수, 따뜻한 보수, 별의별 보수를 다 갖다 놔도 보수는 바꾸지 말자, 이겁니다.

성장과 분배는 반드시 배치되는 개념인가? 그렇지 않습니다. 노벨 경제학상을 수상한 스티글리츠 교수는 "성장과 분배는 서로 배타적인 것이 아니다. 같이 안 가면 둘 다 망한다. 같이 가야 장기적으로 성장할 수 있다." 그렇게 얘기합니다.

경제위기론, 여러분이 취직 걱정이 많으니까 경제위기론이 실감이 나죠? 이 문제는 그래프를 하나 갖다 놓고 봅시다. 우리의 GDP가 3.8% 성장했던 2001년에 경제가 그날로 붕괴하는 것 같은 그런 분위기 속에서 살았습니다. 실제로 그 분위기 때문에 경제가 더 살아나지 못하고 침체했다는 유력한 주장이 있습니다.

경제위기론에 저는 동의하지 않습니다. 많은 지표들을 가지고 보고 있는데, 위기는 언제든지 올 수 있는 것이지만 지금 잘 관리하고 있으므로 제가 있는 동안은 문제없습니다. 안심하십시오.

청년 일자리는 어쩌란 말이냐? 예, 열심히 노력하고 있습니다. 왜 그렇게 대학을 많이 갑니까? 전부 대학 가서 높은 자리만 하려고 하지 않습니까? 게다가 우리 산업구조는 빨리 바뀌고 있고요. 그래서 지식서비스 산업을 집중적으로 육성하기 위해서 대통령이 직접 진두지휘하고 있습니다.

효과가 언제 날거냐? 좀 걸립니다. 아일랜드가 1987년에 노·사·정 합의를 하고 그때부터 외자유치라든지 새로운 경제정책을 쓰기 시작했는데 고용이 살아나고 경제가 살았다고 국민들이 피부로 느낄 때까지 6년이 걸렸습니다. 1993년이었습니다.

우리는 1993년도에 '신경제 100일'을 했는데 지나고 나서 보니까 '신경제 100일'로 좋아진 건 하나도 없습니다. 죽는다고 엄살을 자꾸 부리면 국민들이 그런 줄 알고 불안해하고, 정부는 급하니까 이 정책 저 정책 막 갖다 쏟아 부어서 경제 파탄과 같은 상황이 오는 일이 있습니다.

1989년의 위기론에서 1990년의 진짜 위기가 왔고, 2001년의 위기론에서 무리한 경제정책이 나오고, 2002년에 위기가 진짜 와 버린 것입니다. 곰곰이 한 번 자료를 찾아보십시오. 아주 위험합니다.

그래서 누가 경제위기를 가지고 어떻게 불안을 조성하더라도 저와 우리 경제팀은 정말 면밀히 검토하고 철저히 분석해서 흔들림 없이 의연하게 가겠습니다. 그동안에 욕은 제가 먹으면서 가겠습니다. 일자리는 조금만 더 기다리십시오.

시간이 많이 됐는데, 상생에 관해서 한 말씀 드리겠습니다. 좋은 겁니다. 대화와 타협의 문화가 바로 상생입니다. 상생은 그야말로 진실하게 이것을 실천할 의지가 있어야 됩니다. 상대방에게 양보를 받아내기 위해서 상대방을 공격하기 위해서 상생을 내세우면 그 상생은 반드시 실패합니다.

어떻게 하는 것이 상생인지를 알아야 합니다. 세상이 변화할 때는 변화를 수용할 줄 알아야 하고, 기득권을 버려야 할 때는 기득권을 버려야 합니다. 새로운 문화를 장려해야 될 때 낡은 문화를 고집하면 안 됩니다. 시대의 흐름도 맞추어야 합니다.

그 다음에 상생을 하는 기본조건을 갖추어야 됩니다. 상대를 존중할 줄 알아야 합니다. 배제의 습관이 남아서, 지금도 계속 배제하려고 하는 방법으로는 상생할 수 없습니다. 상생은 결국 대화, 토론, 설득, 타협, 그리고 거의 다 합의가 된 것 같은데 마지막 결론이 안 날 때 그때 표결하는 겁니다. 그렇죠? 표결하고 승복하는 겁니다. 승복해야 상생이 이루어질 수 있는 것 아닙니까? 그 규칙을 무시하면 상생이 안 됩니다.

스포츠 게임도 규칙을 잘 지키고 끝났을 때 두 사람이 서로 악수하고 그렇게 하지 않습니까? 반칙으로 얼룩진 경기가 끝났을 때 무슨 상생이 되겠습니까? 규칙과 승복, 훌륭한 심판 매우 중요합니다. 패배를 넉넉하게 수용할 줄 아는 그런 역량을 갖추고 싶습니다.

저는 지금도 열심히 일하고 있습니다만, 어떻든 권력을 추구한 사람으로서는 이제 하산 길로 들어서고 있습니다. 발 삐지 않고 무사히 하산을 잘 했으면 좋겠습니다.

등산은 올라갈 때보다 내려갈 때가 더 위험하다고 합니다. 무사하게 하산하기 위해서는 정상의 경치에 대해서 미련을 갖지 않아야 합니다. 정상의 경치가 저에게는 좋기도 하지만 골치 아픈 일도 많습니다. 미련을 갖지 않겠습니다. 이것은 말로 되는 것이 아니고 끊임없이 자기와의 승부 속에서 가능한 일입니다.

제 자신이 여유 있는 마음으로 하산할 수 있도록 자신을 다스려 내는 것, 그것이 제가 해야 될 남은 일입니다.

감사합니다.

대통령 노무현 명연설

초판1쇄 2019년 6월 17일

엮 은 이   편집부
펴 낸 이   장영재
펴 낸 곳   (주)미르북컴퍼니
자 회 사   더휴먼
전   화   02)3141-4421
팩   스   02)3141-4428
등   록   2012년 3월 16일(제313-2012-81호)
주   소   서울시 마포구 성미산로32길 12, 2층 (우 03983)
이 메 일   sanhonjinju@naver.com
카   페   cafe.naver.com/mirbookcompany

• (주)미르북컴퍼니는 독자 여러분의 의견에
  항상 귀 기울이고 있습니다.

• 파본은 책을 구입하신 서점에서 교환해 드립니다.
• 비매품

|일러두기| 이 책에 실린 사진은 연합뉴스를 통해 저작권 계약을 맺은 것으로,
저작권법에 의해 한국 내에서 보호를 받는 저작물이며 무단 전재와 복제를 금합니다.